TABLEAU

DU

COURS DES EFFETS PUBLICS

ÉTABLI

TANT D'APRÈS LE MONITEUR QUE D'APRÈS LES BULLETINS OFFICIELS
DE LA BOURSE DE PARIS, DEPUIS LE 6 FRUCTIDOR AN III JUSQU'AU
1.er AVRIL 1814.

A PARIS,
DE L'IMPRIMERIE ROYALE.

1825.

DATE DES COURS.	DÉSIGNATION DES EFFETS PUBLICS.			OBSERVATIONS.
	Inscriptions.	Billets de loterie.	Pons au porteur	
AN 3.	l. s. d.	l. s. d.	l. s. d.	
6 fructidor..	133. 00. 0	94. 10. 0	//	Le cours est établi en assignats, d'après le Moniteur.
7.........	133. 05. 0	94. 00. 0	//	
8.........	134. 00. 0	88. 00. 0	//	
9.........	134. 00. 0	88. 00. 0	//	
10.........	//	//	//	
11.........	136. 00. 0	85. 00. 0	//	
12.........	//	//	//	
13.........	136. 00. 0	//	//	
14.........	135. 00. 0	//	//	
15.........	135. 00. 0	//	//	
16.........	//	//	//	
17.........	124. 10. 0	//	//	
18.........	126. 00. 0	//	//	
19.........	129. 00. 0	//	//	
20.........	//	//	//	
21.........	130. 00. 0	//	//	
22.........	130. 00. 0	//	//	
23.........	//	//	//	
24.........	130. 00. 0	//	//	
25.........	130. 00. 0	//	//	
26.........	//	//	//	
27.........	130. 00. 0	//	//	
28.........	//	//	//	
29.........	130. 00. 0	//	//	
30.........	//	//	//	
1.er j.r comp.	130. 00. 0	//	98. 10. 0	
2.e.........	129. 00. 0	//	97. 10. 0	
3.e.........	128. 00. 0	//	97. 00. 0	
4.e.........	127. 00. 0	//	97. 00. 0	
5.e.........	//	//	//	
6.e.........	127. 00. 0	//	98. 10. 0	
AN 4.				
1.er vendém.	121. 10. 0	//	//	
2.........	121. 00. 0	//	99. 00. 0	
3.........	118. 10. 0	//	99. 00. 0	
4.........	//	//	//	
5.........	117. 10. 0	//	98. 00. 0	
6.........	116. 00. 0	//	98. 00. 0	
7.........	116. 00. 0	//	98. 10. 0	
8.........	//	//	//	
9.........	116. 00. 0	//	98. 15. 0	
10.........	//	//	//	
11.........	115. 10. 0	//	98. 10. 0	
12.........	115. 00. 0	//	98. 15. 3	
13.........	115. 00. 0	//	98. 15. 0	

DATE	DÉSIGNATION DES EFFETS PUBLICS.			OBSERVATIONS.
DES COURS.	Inscriptions.	Billets de loterie.	Bons au porteur	
AN 4.	l. s. d.	l. s. d.	l. s. d.	
14 vendém..	//	//	//	
15..........	//	//	//	
16..........	114. 15. 0	//	94. 15. 0	
17..........	//	//	//	
18..........	114. 00. 0	//	98. 15. 0	
19..........	113. 15. 0	//	99. 00. 0	
20..........	//	//	//	
21..........	113. 10. 0	//	99. 00. 0	
22..........	113. 10. 0	//	99. 00. 0	
23..........	113. 10. 0	//	99. 00. 0	
24..........	113. 10. 0	//	99. 00. 0	
25..........	113. 10. 0	//	99. 00. 0	
26..........	113. 10. 0	//	99. 00. 0	
27..........	115. 00. 0	//	//	
28..........	115. 00. 0	//	//	
29..........	113. 00. 0	//	//	
30..........	//	//	//	
1.er brum..	113. 00. 0	//	//	
2..........	113. 00. 0	//	//	
3..........	112. 00. 0	//	//	
4..........	112. 00. 0	//	//	
5..........	110. 10. 0	//	//	
6..........	110. 10. 0	//	//	
7..........	130. 00. 0	//	//	
8..........	120. 00. 0	//	//	
9..........	138. 00. 0	//	//	
10..........	//	//	//	
11..........	144. 00. 0	150. 00. 0	98. 00. 0	
12..........	152. 00. 0	160. 00. 0	97. 00. 0	
13..........	175. 00. 0	166. 00. 0	97. 00. 0	
14..........	165. 00. 0	166. 00. 0	//	
15..........	156. 00. 0	166. 00. 0	96. 00. 0	
16..........	154. 00. 0	//	96. 00. 0	
17..........	149. 00. 0	//	95. 00. 0	
18..........	150. 00. 0	//	92. 00. 0	
19..........	161. 00. 0	//	92. 00. 0	
20..........	//	//	//	
21..........	156. 00. 0	//	92. 00. 0	
22..........	159. 00. 0	//	94. 00. 0	
23..........	164. 00. 0	//	93. 00. 0	
24..........	//	//	//	
25..........	176. 00. 0	//	93. 00. 0	
26..........	171. 00. 0	//	93. 00. 0	
27..........	172. 00. 0	//	93. 00. 0	
28..........	172. 00. 0	//	93. 00. 0	
29..........	172. 00. 0	//	92. 00. 0	
30..........	//	//	//	

DATE DES COURS.	DÉSIGNATION DES EFFETS PUBLICS.			OBSERVATIONS.
	Inscriptions.	Billets de loterie.	Bons au porteur	
AN 4.	l. s. d.		l. s. d.	
1.er frimaire.	175. 00. 0	"	93. 00. 0	
2	"	"	"	
3	250. 00. 0	"	97. 10. 0	
4	325. 00. 0	"	96. 00. 0	
5	325. 00. 0	"	96. 00. 0	
6	330. 00. 0	"	96. 00. 0	
7	336. 00. 0	"	97. 00. 0	
8	330. 00. 0	"	97. 00. 0	
9	326. 00. 0	"	97. 00. 0	
10	"	"	"	
11	328. 00. 0	"	96. 00. 0	
12	335. 00. 0	"	96. 00. 0	
13	340. 00. 0	"	96. 00. 0	
14	345. 00. 0	"	96. 00. 0	
15	366. 00. 0	"	96. 00. 0	
16	400. 00. 0	"	96. 00. 0	
17	420. 00. 0	"	96. 00. 0	
18	478. 00. 0	"	96. 00. 0	
19	465. 00. 0	"	96. 00. 0	
20	"	"	"	
21	460. 00. 0	"	96. 00. 0	
22	445. 00. 0	"	"	
23	"	"	"	
24	"	"	"	
25	"	"	"	
26	"	"	"	
27	"	"	"	
28	"	"	"	
29	"	"	"	
30	"	"	"	
28 nivôse	325. 00. 0	"	"	
29	300. 00. 0	"	"	
2 pluviôse	280. 00. 0	"	"	
3	275. 00. 0	"	"	
4	275. 00. 0	"	"	
5	"	"	"	
6	250. 00. 0	"	"	
7	250. 00. 0	"	"	
8	235. 00. 0	"	"	
9	212. 00. 0	"	"	
10	"	"	"	
11	205. 00. 0	"	"	
12	235. 00. 0	"	"	
13	195. 00. 0	"	"	
14	195. 00. 0	"	"	
15	195. 00. 0	"	"	

DATE	DÉSIGNATION DES EFFETS PUBLICS.			OBSERVATIONS.
DU COURS.	Inscriptions.	Billets de loterie.	Bons au porteur	
AN. 4.	l. s. d.			
16 pluviôse ..	200. 00. 0	//	//	
17.........	280. 00. 0	//	//	
18.........	380. 00. 0	//	//	
19.........	380. 00. 0	//	//	
21.........	305. 00. 0	//	//	
22.........	275. 00. 0	//	//	
23.........	270. 00. 0	//	//	
24.........	300. 00. 0	//	//	
25.........	//	//	//	
26.........	415. 00. 0	//	//	
27.........	315. 00. 0	//	//	
28.........	300. 00. 0	//	//	
29.........	285. 00. 0	//	//	
1.er ventôse.	275. 00. 0	//	//	
2.........	275. 00. 0	//	//	
3.........	280. 00. 0	//	//	
17.........	325. 00. 0	//	//	
18.........	325. 00. 0	//	//	
19.........	325. 00. 0	//	//	
21.........	325. 00. 0	//	//	
22.........	325. 00. 0	//	//	
23.........	325. 00. 0	//	//	A partir du 23 ventôse an IV, il n'y a plus de cours jusqu'au 26 nivôse an V.
AN 5.				
26 nivôse....	8. 00. 0	//	//	Le cours est en numéraire.
27.........	8. 05. 0	//	//	
28.........	8. 05. 0	//	//	
29.........	8. 02. 6	//	//	
1.er pluviôse.	//	//	//	
2.........	//	//	//	
3.........	10. 00. 0	//	//	
4.........	9. 15. 0	//	//	
5.........	8. 15. 0	//	//	
6.........	8. 17. 6	//	//	
7.........	9. 00. 0	//	//	
8.........	9. 02. 6	//	//	
9.........	9. 00. 0	//	//	
10.........	//	//	//	
11.........	8. 07. 0	//	//	
12.........	8. 05. 0	//	//	
13.........	//	//	//	
14.........	9. 10. 0	//	//	
15.........	9. 10. 0	//	//	
16.........	//	//	//	
17.........	9. 15. 0	//	//	
18.........	9. 05. 0	//	//	
19.........	9. 00. 0	//	//	
20.........	//	//	//	

DATE DES COURS.	DÉSIGNATION DES EFFETS PUBLICS.				OBSERVATIONS.
	INSCRIP-TIONS.	BONS 3/4.	BONS 1/4.	BONS de loterie.	
	l. s. d.	l. s. d.	l. s. d.	l. s. d.	
AN 5.					
21 pluviôse..	//	//	//	//	
22.........	10. 05. 0	//	//	//	
23.........	9. 15. 0	//	//	//	
24.........	9. 17. 6	//	//	//	
25.........	9. 02. 6	//	//	//	
26.........	//	//	//	//	
27.........	9. 02. 6	//	//	//	
28.........	9. 02. 6	//	//	//	
29.........	9. 10. 0	//	//	//	
30.........	//	//	//	//	
1.er ventôse.	//	//	//	//	
2.........	9. 10. 0	//	//	//	
3.........	9. 10. 0	//	//	//	
4.........	//	//	//	//	
5.........	9. 00. 0	//	//	//	
6.........	8. 17. 6	//	//	//	
7.........	9. 05. 0	//	//	//	
8.........	9. 00. 0	//	//	//	
9.........	8. 17. 6	//	//	//	
10.........	//	//	//	//	
11.........	8. 10. 0	//	//	9. 02. 6	
12.........	8. 10. 0	//	//	9. 05. 0	
13.........	8. 15. 0	//	//	9. 07. 6	
14.........	8. 07. 6	//	//	9. 10. 0	
15.........	//	//	//	/	
16.........	8. 10. 0	//	//	9. 05. 0	
17.........	8. 10. 0	//	//	9. 05. 0	
18.........	//	//	//	//	
19.........	8. 12. 9	//	//	9. 11. 6	
20.........	//	//	//	//	
21.........	//	//	//	//	
22.........	8. 12. 0	/	//	9. 00. 0	
23.........	//	//	//	//	
24.........	8. 10. 0	//	//	8. 10. 0	
25.........	8. 17. 6	//	//	8. 15. 0	
26.........	//	/	//	//	
27.........	9. 17. 6	//	//	9. 05. 0	
28.........	//	//	//	//	
29.........	8. 17. 6	9. 00. 0	/	//	
30.........	//	//	//	/	
1.er germin.	9. 00. 0	9. 00. 0	//	//	
2.........	8. 15. 0	8. 17. 6	//	//	
3.........	8. 16. 0	8. 17. 6	//	//	
4.........	8. 05. 0	8. 16. 0	//	//	
5.........	8. 05. 0	8. 17. 6	//	//	
6.........	8. 00. 0	9. 02. 6	//	//	
7.........	8. 00. 0	9. 07. 6	//	/	
8.........	//	//	//	//	
9.........	8. 07. 6	9. 02. 6	//	/	

DATE	DÉSIGNATION DES EFFETS PUBLICS.				OBSERVATIONS.
DU COURS.	INSCRIP- TIONS.	BONS 3/4.	BONS 1/4.	BONS de loterie.	
AN 5.	l. s. d.	l. s. d.	l. s. d.		
10 germinal..	//	//	//	//	
11.........	//	//	//	//	
12.........	9. 00. 0	9. 02. 6	0	//	
13.........	8. 17. 6	9. 04. 0	//	//	
14.........	//	//	//	0	
15.........	9. 00. 0	9. 08. 0	38. 10. 0	//	
16.........	9. 05. 0	9. 06. 6	38. 15. 0	//	
17.........	9. 07. 6	9. 10. 0	39. 00. 0	//	
18.........	//	//	//	//	
19.........	9. 17. 6	10. 00. 0	38. 00. 0	//	
20.........	//	//	//	//	
21.........	9. 12. 6	9. 17. 6	38. 10. 0	//	
22.........	9. 10. 0	9. 16. 0	38. 00. 0	//	
23.........	10. 00. 0	10. 05. 0	38. 10. 0	//	
24.........	9. 17. 6	10. 00. 0	38. 00. 0	//	
25.........	9. 15. 0	9. 17. 6	38. 05. 0	0	
26.........	10. 00. 0	9. 19. 0	38. 10. 0	//	
27.........	10. 00. 0	10. 02. 6	39. 00. 0	//	
28.........	10. 02. 6	10. 03. 0	39. 00. 0	//	
29.........	10. 10. 0	10. 09. 0	39. 00. 0	//	
30.........	//	//	//	//	
1.er floréal..	10. 05. 0	10. 05. 0	39. 00. 0	//	
2.........	10. 17. 6	10. 12. 0	38. 10. 0	//	
3.........	//	//	//	//	
4.........	13. 17. 6	14. 02. 6	38. 10. 0	//	
5.........	13. 15. 0	13. 12. 6	39. 00. 0	//	
6.........	//	//	//	0	
7.........	15. 12. 6	15. 15. 0	38. 10. 0	//	
8.........	15. 00. 0	15. 00. 0	38. 00. 0	//	
9.........	14. 17. 6	15. 00. 0	38. 10. 0	//	
10.........	//	//	//	//	
11.........	14. 17. 6	15. 00. 0	38. 00. 0	//	
12.........	16. 12. 6	16. 15. 0	37. 00. 6	//	
13.........	//	//	//	//	
14.........	15. 17. 6	15. 17. 6	35. 10. 0	//	
15.........	15. 17. 6	15. 04. 0	35. 00. 0	//	
16.........	//	//	//	//	
17.........	17. 05. 6	17. 00. 0	30. 00. 0	//	
18.........	18. 00. 0	17. 15. 0	25. 00. 0	//	
19.........	//	//	//	//	
20.........	//	//	//	//	
21.........	21. 00. 0	20. 17. 6	18. 00. 0	//	
22.........	26. 05. 0	25. 10. 0	16. 00. 0	0	
23.........	27. 00. 0	25. 15. 0	16. 00. 0	//	
24.........	23. 10. 0	22. 10. 0	17. 00. 0	//	
25.........	24. 00. 0	23. 00. 0	18. 00. 0	//	
26.........	//	//	//	//	
27.........	24. 00. 0	22. 15. 0	18. 19. 0	//	

DATE DU COURS.	DÉSIGNATION DES EFFETS PUBLICS.				OBSERVATIONS.
	INSCRIPTIONS.	BONS 3/4.	BONS 1/4.	BONS de loterie.	
An 5.	l. s. d.	l. s. d.	l. s. d.		
28 floréal....	24. 10. 0	22. 15. 0	19. 00. 0	//	
29.........	25. 10. 0	13. 00. 0	20. 00. 0	//	
30.........	//	//	//	//	
1.er prairial.	23. 15. 0	21. 00. 0	21. 00. 0	//	
2.........	22. 10. 0	18. 00. 0	20. 00. 0	//	
3.........	24. 00. 0	20. 00. 0	22. 00. 0	//	
4.........	//	//	//	//	
5.........	24. 00. 0	21. 00. 0	22. 00. 0	//	
6.........	23. 00. 0	18. 02. 6	25. 00. 0	//	
7.........	24. 00. 0	19. 12. 6	25. 00. 0	//	
8.........	24. 05. 0	19. 10. 0	25. 00. 0	//	
9.........	25. 00. 0	20. 00. 0	30. 00. 0	//	
10.........	//	//	//	//	
11.........	25. 07. 0	20. 05. 0	30. 00. 0	//	
12.........	26. 00. 0	20. 07. 6	30. 00. 0	//	
13.........	28. 00. 0	21. 07. 6	27. 00. 0	//	
14.........	29. 00. 0	23. 02. 6	24. 00. 0	//	
15.........	29. 15. 0	22. 15. 0	25. 00. 0	//	
16.........	31. 05. 0	23. 10. 0	25. 00. 0	//	
17.........	35. 00. 0	24. 10. 0	24. 00. 0	//	
18.........	36. 15. 0	25. 00. 0	24. 10. 0	//	
19.........	34. 00. 0	22. 05. 0	24. 00. 0	//	
20.........	//	//	//	//	
21.........	33. 15. 0	21. 10. 0	24. 00. 0	//	
22.........	33. 00. 0	20. 10. 0	25. 00. 0	//	
23.........	33. 10. 0	20. 17. 6	26. 10. 0	//	
24.........	33. 10. 0	22. 00. 0	26. 00. 0	//	
25.........	33. 10. 0	21. 17. 6	27. 00. 0	//	
26.........	//	//	//	//	
27.........	33. 00. 0	21. 10. 0	29. 00. 0	//	
28.........	32. 15. 0	21. 15. 0	30. 10. 0	//	
29.........	32. 15. 0	21. 15. 0	30. 10. 0	//	
30.........	//	//	//	//	
1.er messidor.	31. 15. 0	20. 17. 6	32. 00. 0	//	
2.........	//	//	//	//	
3.........	29. 00. 0	19. 00. 0	32. 00. 0	//	
4.........	29. 00. 0	19. 00. 0	32. 00. 0	//	
5.........	29. 00. 0	19. 00. 0	33. 00. 0	//	
6.........	29. 00. 0	19. 05. 0	33. 00. 0	//	
7.........	27. 00. 0	18. 05. 0	35. 00. 0	//	
8.........	18. 00. 5	19. 00. 0	//	//	
9.........	27. 10. 0	17. 15. 0	35. 00. 0	//	
10.........	//	//	//	//	
11.........	//	17. 16. 0	//	//	
12.........	//	//	//	//	
13.........	28. 00. 0	18. 10. 0	36. 00. 0	//	
14.........	27. 00. 0	19. 12. 6	38. 00. 0	//	
15.........	//	//	//	//	

DATE	DÉSIGNATION DES EFFETS PUBLICS.				OBSERVATIONS.
DU COURS.	INSCRIP-TIONS.	BONS 3/4.	BONS 1/4.	BONS de loterie.	
AN 5.	l. s. d.	l. s. d.	l. s. d.		
16 messidor..	27. 00. 0	20. 00. 0	36. 00. 0	"	
17........	27. 00. 0	18. 12. 6	38. 00. 0	"	
18........	"	17. 00. 0	38. 00. 0	"	
19........	"	"	"	"	
20........	"	"	"	"	
21........	"	16. 15. 0	"	"	
22........	"	"	"	"	
23........	"	"	"	"	
24........	"	"	"	"	
25........	"	"	"	"	
26........	"	"	"	"	
27........	"	"	"	"	
28........	"	"	"	"	
29........	"	"	"	"	
30........	"	"	"	"	
1.er thermid	"	16. 15. 0	41. 00. 0	"	
2........	"	"	"	"	
3........	"	14. 12. 6	41. 00. 0	"	
4........	"	14. 00. 0	"	"	
5........	"	"	"	"	
6........	"	"	"	"	
7........	"	"	"	"	
8........	"	"	"	"	
9........	"	"	"	"	
10........	"	"	"	"	
11........	"	"	"	"	
12........	"	"	"	"	
13........	"	"	"	"	
14........	17. 00. 0	13. 02. 6	"	"	
15........	"	"	"	"	
16........	"	"	"	"	
17........	16. 15. 0	11. 10. 0	55. 00. 0	"	
18........	"	"	"	"	
19........	15. 14. 0	10. 15. 0	51. 00. 0	"	
20........	"	"	"	"	
21........	"	"	"	"	
22........	17. 00. 0	12. 00. 0	52. 00. 0	"	
23........	"	"	"	"	
24........	16. 00. 0	11. 00. 0	50. 00. 0	"	
25........	"	"	"	"	
26........	15. 15. 0	11. 17. 6	49. 00. 0	"	
27........	15. 00. 0	10. 12. 6	48. 00. 0	"	
28........	"	"	"	"	
29........	"	"	"	"	
30........	"	"	"	"	
1.er fructidor	15. 00. 0	11. 05. 0	48. 00. 0	"	
2........	14. 10. 0	11. 07. 6	48. 00. 0	"	
3........	14. 10. 0	11. 13. 0	46. 00. 0	"	

DATE DU COURS.	DÉSIGNATION DES EFFETS PUBLICS.			OBSERVATIONS.
	Inscriptions.	Bons 3/4.	Bons 1/4.	
AN 5.	l. s. d.	l. s. d.	l. s. d.	
4 fructidor..	r	"	"	
5.........	"	"	"	
6.........	16. 10. 0	14. 10. 0	48. 00. 0	
7.........	16. 10. 0	14. 10. 0	48. 00. 0	
8.........	"	"	"	
9.........	17. 00. 0	13. 15. 0	"	
10.........	"	"	"	
11.........	"	"	"	
12.........	"	"	"	
13.........	16. 15. 0	13. 10. 0	48. 00. 0	
14.........	15. 10. 0	13. 00. 0	"	
15.........	"	"	"	
16.........	"	"	"	
17.........	14. 00. 0	11. 10. 0	47. 00. 0	
18.........	"	"	"	
19.........	"	"	"	
20.........	"	"	"	
21.........	"	"	"	
22.........	11. 15 0	11. 00. 0	47. 00. 0	
23.........	"	"	"	
24.........	"	"	"	
25.........	"	"	"	
26.........	"	"	"	
27.........	11. 05. 0	9. 07. 6	46. 00. 0	
28.........	"	"	"	
29.........	10. 05. 0	7. 07. 6	44. 00. 0	
30.........	"	"	"	
1.er compl..	"	"	"	
2.........	9. 05. 0	6. 12. 0	43. 00. 0	
3.........	"	"	"	
4.........	"	"	"	
5.........	"	"	"	
AN 6.				
1.er vendém.	"	"	"	
2.........	"	5. 13. 9	40. 00. 0	
3.........	"	"	"	
4.........	8. 15. 0	6. 13. 0	41. 00. 0	
5.........	"	"	"	
6.........	8. 15. 0	4. 17. 0	42. 00. 0	
7.........	"	"	"	
8.........	7. 05. 0	6. 05. 0	45. 00. 0	
9.........	"	"	"	
10.........	"	6. 15. 0	"	
11.........	8. 10. 0	6. 15. 0	54. 00. 0	
12.........	"	"	"	
13.........	"	"	"	
14.........	8. 02. 6	5. 15. 0	53. 00. 0	

2.

DATE DU COURS.	DÉSIGNATION DES EFFETS PUBLICS.			OBSERVATIONS.
	Inscriptions.	Bons 3/4.	Bons 1/4.	
AN 6.	l. s. d.	l. s. d.	l. s. d.	
15 vendém...	8. 15. 0	5. 15. 0	50. 00. 0	
16.........	7. 10. 0	5. 15. 0	50. 00. 0	
17.........	7. 05. 0	6. 00. 0	45. 00. 0	Ce cours et les suivans ont été établis d'après les bulletins de la bourse.
18.........	7. 05. 0	5. 12. 6	46. 00. 0	
19.........	7. 15. 0	5. 12. 6	49. 00. 0	
20.........	"	"	"	
21.........	7. 00. 0	6. 00. 0	48. 00. 0	
22.........	7. 00. 0	6. 00. 0	47. 10. 0	
23.........	7. 00. 0	5. 18. 9	47. 10. 0	
24.........	7. 10. 0	6. 10. 0	47. 00. 0	
25.........	8. 00. 0	6. 13. 9	47. 00. 0	
26.........	7. 00. 0	5. 10. 0	47. 00. 0	
27.........	6. 17. 6	5. 12. 6	44. 00. 0	
28.........	6. 00. 0	6. 00. 0	44. 00. 0	
29.........	7. 05. 0	5. 18. 9	44. 00. 0	
30.........	"	"	"	
1.er brumaire.	7. 10. 0	5. 17. 6	43. 00. 0	
2.........	9. 00. 0	6. 17. 6	46. 00. 0	
3.........	8. 15. 0	6 07. 6	45. 10. 0	
4.........	8. 00. 0	6. 11. 3	45. 00. 0	
5.........	10. 05. 0	8. 05. 0	50. 00. 0	
6.........	11. 05. 0	9. 00. 0	51. 00. 0	
7.........	10. 00. 0	8. 00. 0	49. 00. 0	
8.........	9. 10. 0	7. 12. 6	48. 00. 0	
9.........	9. 15. 0	7. 15. 0	48. 00. 0	
10.........	"	"	"	
11.........	9. 15. 0	7. 10. 0	48. 00. 0	
12.........	10. 05. 0	7. 05. 0	48. 00. 0	
13.........	10. 00. 0	6. 15. 0	48. 00. 0	
14.........	9. 15. 0	6. 05. 0	48. 00. 0	
15.........	9. 05. 0	5. 12. 6	48. 00. 0	
16.........	8. 10. 0	5. 08. 9	48. 00. 0	
17.........	8. 12. 6	5. 13. 9	48. 00. 0	
18.........	8. 15. 0	5. 17. 6	48. 00. 0	
19.........	8. 15. 0	6. 00. 0	49. 10. 0	
20.........	"	"	"	
21.........	9. 02. 6	6. 00. 0	51. 00. 0	
22.........	9. 02. 6	5. 17. 6	52. 00. 0	
23.........	9. 00. 0	6. 05. 0	54. 00. 0	
24.........	8. 10. 0	5. 16. 3	61. 00. 0	
25.........	8. 05. 0	5. 13. 6	66. 00. 0	
26.........	8. 02. 6	5. 15. 0	60. 00. 0	
27.........	8. 05. 0	6. 00. 0	65. 00. 0	
28.........	8. 05. 0	5. 16. 3	66. 00. 0	
29.........	8. 05. 0	5. 14. 0	66. 00. 0	
30.........	"	"	"	
1.er frimaire.	8. 10. 0	5. 16. 3	67. 00. 0	
2.........	8. 05. 0	5. 15. 0	66. 10. 0	

DATE DU COURS.	DÉSIGNATION DES EFFETS PUBLICS.							OBSERVATIONS.
	INSCRIP-TIONS.	BONS 3/4.	BONS 1/4.	BONS 2/3.	TIERS conso-lidé.	RENTE pro-visoire.	RENTE viagère.	
An 6.	l. s. d.	l. s. d.	l. s. d.	l. s. d.				
3 frimaire..	8. 00. 0	5. 13. 6	66. 00. 0	//	//	//	//	
4.........	8. 00. 0	5. 11. 6	62. 10. 0	//	//	//	//	
5.........	7. 17. 6	5. 12. 6	62. 10. 0	//	//	//	//	
6.........	7. 15. 0	5. 10. 6	60. 00. 0	//	//	//	//	
7.........	7. 17. 6	5. 11. 6	59. 00. 0	//	//	//	//	
8.........	8. 02. 6	5. 11. 9	59. 00. 0	//	//	//	//	
9.........	7. 17. 6	5. 06. 9	60. 00. 0	//	//	//	//	
10.........	//	//	//	//	//	//	//	
11.........	7. 11. 3	5. 00. 0	65. 00. 0	//	//	//	//	
12.........	7. 10. 0	4. 07. 0	70. 00. 0	//	//	//	//	
13.........	8. 00. 0	4. 18. 0	70. 00. 0	//	//	//	//	
14.........	8. 05. 0	5. 05. 0	69. 00. 0	//	//	//	//	
15.........	7. 17. 6	4. 15. 0	69. 00. 0	//	//	//	//	
16.........	8. 00. 0	5. 00. 0	68. 00. 0	//	//	//	//	
17.........	8. 02. 6	4. 18. 0	67. 00. 0	//	//	//	//	
18.........	8. 00. 0	5. 02. 0	66. 10. 0	//	//	//	//	
19.........	7. 17. 6	4. 18. 0	66. 10. 0	//	//	//	//	
20.........	//	//	//	//	//	//	//	
21.........	7. 17. 6	5. 00. 0	65. 10. 0	//	//	//	//	
22.........	7. 16. 3	4. 18. 6	62. 00. 0	//	//	//	//	
23.........	7. 15. 0	4. 15. 6	64. 00. 0	//	//	//	//	
24.........	7. 17. 6	4. 17. 6	67. 00. 0	//	//	//	//	
25.........	8. 00. 0	4. 11. 0	70. 00. 0	//	//	//	//	
26.........	7. 17. 6	4. 06. 0	75. 00. 0	//	//	//	//	
27.........	7. 12. 6	4. 07. 0	71. 00. 0	//	//	//	//	
28.........	7. 10. 0	4. 08. 0	72. 00. 0	//	//	//	//	
29.........	7. 15. 0	4. 12. 0	70. 00. 0	//	//	//	//	
30.........	//	//	//	//	//	//	//	
1.er nivôse..	7. 15. 0	4. 06. 0	70. 00. 0	//	//	//	//	
2.........	//	//	//	//	//	//	//	
3.........	7. 05. 0	3. 14. 6	65. 00. 0	//	//	//	//	
4.........	7. 05. 0	3. 15. 0	66. 00. 0	//	//	//	//	
5.........	7. 05. 0	3. 13. 0	65. 00. 0	//	//	//	//	
6.........	7. 07. 0	3. 15. 0	67. 00. 0	//	//	//	//	
7.........	7. 02. 6	3. 16. 6	67. 00. 0	//	//	//	//	
8.........	7. 17. 6	3. 14. 0	69. 00. 0	//	//	//	//	
9.........	//	//	//	//	//	//	//	
10.........	//	//	//	//	//	//	//	
11.........	7. 00. 0	3. 13. 0	70. 00. 0	//	//	//	//	
12.........	//	//	//	//	//	//	//	
13.........	//	//	//	//	//	//	//	
14.........	6. 16. 3	3. 12. 6	67. 00. 0	//	//	//	//	
15.........	//	//	//	//	//	//	//	
16.........	6. 17. 6	3. 16. 3	74. 00. 0	//	//	//	//	
17.........	6. 18. 9	3. 13. 0	71. 10. 0	//	//	//	//	
18.........	//	//	//	//	//	//	//	
19.........	//	3. 06. 0	74. 10. 0	2. 14. 0	//	//	//	
20.........	//	//	- 0	//	//	//	//	

DATE DU COURS.	DÉSIGNATION DES EFFETS PUBLICS.							OBSERVATIONS.
	INSCRIP-TIONS.	BONS 3/4.	BONS 1/4.	BONS 2/3.	TIERS consolidé.	RENTE pro-visoire.	RENTE viagère.	
AN 6.		l. s. d.	l. s. d.	l. s. d.	l. s. d.			
21 nivôse....	"	3. 04. 0	74. 10. 0	2. 16. 3	17. 00. 0	"	"	
22..........	"	3. 01. 0	75. 00. 0	2. 18. 0	18. 05. 0	"	"	
23..........	"	3. 00. 0	75. 00. 0	2. 18. 6	20. 10. 0	"	"	
24..........	"	3. 00. 0	"	3. 03. 0	24. 05. 0	"	"	
25..........	"	"	"	"	"	"	"	
26..........	"	2. 16. 0	70. 00. 0	2. 18. 0	21. 00. 0	"	"	
27..........	"	2. 13. 6	69. 00. 0	2. 14. 6	20. 10. 0	"	"	
28..........	"	2. 12. 6	69. 00. 0	2. 13. 6	20. 10. 0	"	"	
29..........	"	2. 14. 0	70. 00. 0	2. 16. 0	21. 00. 0	"	"	
30..........	"	"	"	"	"	"	"	
1.er pluviôse.	"	2. 14. 0	70. 00. 0	2. 15. 6	21. 00. 0	"	"	
2..........	"	"	"	"	"	"	"	
3..........	"	2. 10. 6	70. 10. 0	2. 11. 3	20. 00. 0	"	"	
4..........	"	2. 08. 0	71. 00. 0	2. 09. 0	19. 10. 0	"	"	
5..........	"	"	"	"	"	"	"	
6..........	"	2. 02. 6	69. 10. 0	2. 04. 6	18. 00. 0	"	"	
7..........	"	"	"	"	"	"	"	
8..........	"	2. 01. 0	68. 00. 0	2. 03. 9	18. 00. 0	"	"	
9..........	"	2. 01. 6	69. 00. 0	2. 03. 0	18. 00. 0	"	"	
10.........	"	"	"	"	"	"	"	
11..........	"	2. 02. 0	69. 00. 0	2. 02. 9	18. 10. 0	"	"	
12..........	"	2. 00. 0	69. 10. 0	2. 01. 9	18. 12. 6	"	"	
13..........	"	1. 17. 0	70. 00. 0	1. 19. 0	21. 00. 0	"	"	
14..........	"	1. 15. 6	"	1. 17. 6	20. 13. 0	"	"	
15..........	"	1. 19. 6	69. 00. 0	2. 01. 6	20. 15. 0	"	"	
16..........	"	2. 01. 6	68. 00. 0	2. 03. 0	21. 00. 0	"	"	
17..........	"	2. 01. 0	69. 00. 0	2. 01. 0	21. 10. 0	"	"	
18..........	"	1. 17. 0	67. 00. 0	1. 18. 3	21. 00. 0	"	"	
19..........	"	1. 17. 6	67. 00. 0	1. 17. 6	20. 00. 0	"	"	
20..........	"	"	"	"	"	"	"	
21..........	"	1. 16. 0	65. 00. 0	1. 17. 0	20. 00. 0	"	"	
22..........	"	1. 15. 0	60. 15. 0	1. 16. 9	20. 00. 0	"	"	
23..........	"	1. 17. 0	61. 00. 0	1. 19. 0	20. 00. 0	"	"	
24..........	"	1. 18. 6	59. 00. 0	2. 00. 6	20. 05. 0	"	"	
25..........	"	1. 17. 6	58. 00. 0	1. 18. 9	20. 05. 0	"	"	
26..........	"	1. 19. 0	"	2. 00. 0	20. 00. 0	"	"	
27..........	"	1. 19. 0	59. 00. 0	1. 19. 6	20. 00. 0	"	"	
28..........	"	1. 19. 3	57. 10. 0	2. 00. 0	19. 15. 0	"	"	
29..........	"	1. 17. 6	58. 00. 0	1. 18. 6	19. 15. 0	"	"	
30..........	"	"	"	"	"	"	"	
1.er ventôse.	"	1. 18. 0	54. 00. 0	1. 19. 6	19. 15. 0	"	"	
2..........	"	1. 18. 0	"	1. 19. 9	19. 15. 0	"	"	
3..........	"	2. 00. 0	54. 00. 0	2. 01. 6	20. 00. 0	"	"	
4..........	"	1. 19. 6	54. 00. 0	2. 01. 3	20. 00. 0	"	"	
5..........	"	"	54. 00. 0	1. 19. 0	20. 00. 0	"	"	
6..........	"	1. 17. 6	55. 10. 0	1. 18. 3	20. 05. 0	"	"	
7..........	"	"	"	1. 18. 6	20. 05. 0	"	"	
8..........	"	1. 16. 0	62. 00. 0	1. 17. 6	20. 05. 0	"	"	

DATE DU COURS.	DÉSIGNATION DES EFFETS PUBLICS.							OBSERVATIONS.
	INSCRIPTIONS.	BONS 3/4.	BONS 1/4.	BONS 2/3.	TIERS consolidé.	RENTE provisoire.	RENTE viagère.	
AN 6.		l. s. d.	l. s. d.	l. s. d.	l. s. d.	.	fr. c.	
9 ventôse...	//	1. 16. 0	63. 00. 0	1. 16. 6	20. 05. 0	//	//	
10	//	//	//	//	//	//	//	
11	//	1. 16. 0	62. 00. 0	1. 17. 3	20. 02. 6	//	//	
12	//	1. 16. 0	61. 00. 0	1. 16. 6	20. 02. 6	//	//	
13	//	//	62. 00. 0	0. 17. 3	20. 02. 6	//	//	
14	//	1. 16. 3	//	1. 17. 3	20. 01. 3	//	//	
15	//	//	58. 10. 0	1. 17. 9	20. 02. 6	//	//	
16	//	1. 17. 0	58. 00. 0	1. 18. 3	20. 00. 0	//	//	
17	//	1. 16. 9	54. 00. 0	1. 17. 6	20. 00. 0	//	//	
18	//	1. 16. 6	//	1. 17. 3	19. 15. 0	//	//	
19	//	1. 17. 0	51. 00. 0	1. 18. 0	19. 15. 0	//	//	
20	//	//	//	//	//	//	//	
21	//	1f 85c	50f 00c	1f 90c	19f 87c	//	//	
22	//	1. 85.	50. 00.	1. 87.	19. 75.	//	//	
23	//	1. 86.	50. 50.	1. 90.	19. 75.	//	//	
24	//	1. 87.	//	1. 91.	19. 75.	//	//	
25	//	1. 87.	51. 00.	1. 91.	19. 75.	//	//	
26	//	1. 90.	51. 00.	1. 92.	19. 62.	1	//	
27	//	1. 88.	//	1. 91.	19. 50.	//	//	
28	//	1. 85.	//	1. 87.	19. 00.	//	//	
29	//	1. 85.	51. 00.	1. 90.	19. 00.	//	//	
30	//	//	//	//	//	//	//	
1.er germin.	//	//	50. 00.	1. 90.	18. 75.	//	//	
2	//	1. 87.	//	1. 90.	18. 50.	//	//	
3	//	1. 85.	51. 00.	1. 90.	18. 25.	//	//	
4	//	1. 85.	50. 00.	1. 90.	18. 13.	//	//	
5	//	1. 87.	49. 50.	1. 91.	17. 87.	//	//	
6	//	//	50. 00.	1. 91.	17. 00.	//	//	
7	//	1. 82.	45. 42.	1. 87.	15. 93.	//	//	
8	//	//	46. 00.	1. 88.	16. 12 1/2	//	//	
9	//	1. 85 1/2	//	1. 85 1/2	16. 00. 0	//	//	
10	//	//	//	//	//	//	//	
11	//	1. 89.	45. 90.	1. 86.	16. 00.	//	//	
12	//	1. 84.	45. 00.	1. 87.	15. 75.	//	//	
13	//	1. 85.	//	1. 87.	15. 62.	//	//	
14	//	1. 82.	//	1. 86.	14. 75.	19. 00.	//	
15	//	1. 80.	//	1. 81.	14. 00.	19. 00.	//	
16	//	1. 60.	//	1. 75.	13. 75.	//	//	
17	//	1. 65.	40. 00.	1. 70.	13. 50.	//	//	
18	//	1. 72 1/2	//	1. 75.	13. 75.	19. 00.	//	
19	//	1. 80.	//	1. 87.	15. 50.	//	//	
20	//	//	//	//	//	//	//	
21	//	//	38. 00.	1. 84.	17. 00.	23. 00.	//	
22	//	1. 82.	40. 00.	1. 86.	17. 50.	//	//	
23	//	1. 72.	38. 00.	1. 81.	16. 13.	//	//	
24	//	1. 74.	//	1. 78.	16. 00.	22. 00.	//	
25	//	1. 70.	40. 00.	1. 76.	16. 00.	20. 00.	//	
26	//	1. 75.	//	1. 79.	16. 25.	//	//	

DATE DU COURS.	DÉSIGNATION DES EFFETS PUBLICS.							OBSERVATIONS.
	INSCRIP-TIONS.	BONS 3/4.	BONS 1/4.	BONS 2/3.	TIERS conso-lidé.	RENTE pro-visoire.	RENTE viagère.	
AN 6.								
27 germinal.	"	"	"	1f 79c	16c 75c	20f 00c	"	
28........	"	1f 75c	38f 00c	1. 79.	17. 25.	20. 50.	"	
29........	"	1. 73.	38. 00.	1. 78.	16. 75.	"	"	
30........	"	"	"	"	"	"	"	
1.er floréal..	"	1. 73.	40. 00.	1. 77.	16. 37.	"	"	
2........	"	1. 78.	40. 00.	1. 83.	16. 25.	19. 50.	"	
3........	"	1. 80.	39. 00.	1. 81.	16. 00.	20. 00.	"	
4........	"	1. 80.	"	1. 84.	16. 00	19. 00.	"	
5........	"	1. 78	39. 00.	1. 80.	15. 75.	"	"	
6........	"	"	"	1. 85.	15. 75.	19. 00.	"	
7........	"	1. 80.	"	1. 85.	15. 75.	"	"	
8........	"	1. 88.	37. 00.	1. 94.	15. 63.	19. 00.	"	
9........	"	1. 90.	"	1. 95.	15. 63.	18. 50.	"	
10........	"	"	"	"	"	"	"	
11........	"	1. 90.	39. 00	1. 96.	16. 00.	19. 75.	"	
12........	"	1. 90.	"	1. 93.	16. 00.	19. 00.	"	
13........	"	1. 85.	40. 00.	1. 91.	15. 50.	19. 25.	"	
14........	"	1. 88.	"	1. 93.	15. 25.	18. 75.	"	
15........	"	1. 85	46. 00.	1. 90.	15. 25.	18. 75.	"	
16........	"	"	46. 00.	1. 91.	15. 25.	19. 00.	"	
17........	"	1. 89.	47. 00.	1. 93.	16. 00.	19. 25.	"	
18........	"	1. 93.	"	1. 95.	16. 13.	"	"	
19........	"	1. 88.	50. 00.	1. 95.	15. 88.	19. 00.	"	
20........	"	"	"	"	"	"	"	
21........	"	1. 85.	52. 00.	1. 91.	15. 75.	19. 00.	"	
22........	"	1. 83.	55. 00.	1. 86.	15. 63.	"	"	
23........	"	"	55. 00.	1. 85.	15. 50.	19. 00.	"	
24........	"	1. 85.	52. 00.	1. 87.	15. 50.	19. 00.	"	
25........	"	1. 81.	50. 00.	1. 85.	15. 50.	18. 75.	"	
26........	"	1. 83.	"	1. 85.	15. 25.	18. 00.	"	
27........	"	1. 78.	52. 00.	1. 83.	15. 00.	"	"	
28........	"	"	"	1. 83.	15. 00.	18. 50.	"	
29........	"	1. 81.	"	1. 84.	15. 25.	18. 50.	"	
30........	"	"	"	"	"	"	"	
1.er prairial.	"	1. 78.	51. 00.	1. 83.	15. 00.	16. 50.	"	
2........	"	1. 81.	50. 00.	1. 85.	15. 25.	16. 00.	"	
3........	"	1. 83.	"	1. 86.	15. 50.	16. 50.	"	
4........	"	1. 83.	"	1. 86.	15. 25.	16. 50.	"	
5........	"	1. 84.	48. 00.	1. 86.	15. 25.	"	"	
6........	"	1. 88.	"	1. 89.	15. 25	"	"	
7........	"	"	"	1. 89.	15. 25.	17. 00.	"	
8........	"	"	"	1. 89.	15. 00.	17. 00.	"	
9........	"	1. 88.	47. 00.	1. 91.	15. 13.	"	"	
10........	"	"	"	"	"	"	"	
11........	"	1. 88.	47. 00.	1. 90.	15. 13.	17. 00	"	
12........	"	1. 85.	"	1. 91.	15. 00.	17. 00.	"	
13........	"	1. 90.	49. 00.	1. 92.	15. 00.	17. 00.	"	
14........	"	"	47. 00.	1. 91.	15. 00.	17. 25.	"	

DATE DU COURS.	DÉSIGNATION DES EFFETS PUBLICS.							OBSERVATIONS.
	INSCRIPTIONS.	BONS 3/4.	BONS 1/4.	BONS 2/3.	TIERS consolidé.	RENTE provisoire.	RENTE viagère.	
An 6.								
15 prairial...	"	1f 89c	47f 00c	1f 91c	15f 00c	17f 12c	"	
16.........	"	1. 93.	47. 00.	1. 94.	14. 91.	17. 25.	"	
17.........	"	1. 94.	"	2. 00.	14. 75.	17. 00.	"	
18.........	"	2. 00.	"	2. 03.	14. 75.	16. 75.	"	
19.........	"	1. 95.	"	1. 97.	14. 75.	17. 00.	"	
20.........	"	"	"	"	"	"	"	
21.........	"	2. 00.	"	2. 03.	14. 50.	17. 00.	"	
22.........	"	"	"	2. 01.	14. 50.	16. 50.	"	
23.........	"	2. 00.	"	2. 00.	14. 50.	16. 75.	"	
24.........	"	2. 00.	"	2. 02.	14. 25.	16. 75.	"	
25.........	"	1. 98.	"	2. 00.	14. 00.	16. 75.	"	
26.........	"	2. 03.	"	2. 07.	14. 00.	17. 00.	"	
27.........	"	2. 05.	"	2. 09.	13. 75.	16. 81.	"	
28.........	"	2. 05.	"	2. 09.	14. 00	"	"	
29.........	"	"	"	2. 18.	15. 00.	17. 50.	"	
30.........	"	"	"	"	"	"	"	
1.er messidor	"	"	45. 00.	2. 25.	15. 38	"	"	
2.........	"	2. 14.	46. 00.	2. 18.	15. 38.	18. 00.	"	
3.........	"	2. 10.	"	2. 17.	15. 15.	18. 00.	"	
4.........	"	2. 24.	45. 00.	2. 27.	14. 75.	18. 00.	"	
5.........	"	"	"	2. 31.	14. 25.	17. 50.	"	
6.........	"	2. 38.	"	2. 50.	14. 00.	17. 00.	"	
7.........	"	2. 60.	"	2. 85.	15. 00.	17. 50.	"	
8.........	"	2. 53.	"	2. 65.	14. 63.	17. 50.	"	
9.........	"	2. 40.	"	2. 51.	14. 63.	17. 25.	"	
10.........	"	"	"	"	"	"	"	
11.........	"	2. 48.	"	2. 53.	14. 88.	17. 50.	"	
12.........	"	2. 40.	47. 00.	2. 44.	14. 75.	17. 50.	"	
13.........	"	2. 47.	"	2. 55.	15. 13.	"	"	
14.........	"	2. 40.	45. 00.	2. 44.	15. 50.	17. 88.	"	
15.........	"	2. 38.	45. 00.	2. 44.	15. 50.	18. 00.	"	
16.........	"	2. 40.	"	2. 45.	15. 25.	"	"	
17.........	"	2. 34.	"	2. 38.	15. 00.	17. 75.	"	
18.........	"	2. 15.	45. 00.	2. 21.	14. 75.	17. 00.	"	
19.........	"	2. 15.	"	2. 21.	14. 75.	17. 50.	"	
20.........	"	"	"	"	"	"	"	
21.........	"	"	45. 00.	2. 21.	14. 63.	16. 50.	"	
22.........	"	2. 35.	"	2. 43.	14. 88.	16. 50.	"	
23.........	"	2. 25.	"	2. 33.	14. 75.	16. 50.	"	
24.........	"	2. 24.	"	2. 29.	14. 25.	16. 50.	"	
25.........	"	2. 28.	45. 00.	2. 33.	14. 00.	16. 00.	"	
26.........	"	2. 25.	"	2. 30.	14. 38.	15. 00.	"	
27.........	"	2. 30.	"	2. 36.	14. 00.	15. 00.	"	
28.........	"	2. 25.	"	2. 25.	14. 38.	14. 75.	"	
29.........	"	2. 28.	"	2. 33	14. 50.	15. 00.	"	
30.........	"	"	"	"	"	"	"	
1.er thermid.	"	"	45. 50.	2. 29.	14. 50.	15. 00.	"	
2.........	"	2. 25.	45. 50.	2. 30.	14. 00.	15. 00.	"	

3

DATE DU COURS.	DÉSIGNATION DES EFFETS PUBLICS.						OBSERVATIONS.
	BONS 3/4.	BONS 1/4.	BONS 2/3.	TIERS conso-li.é.	RENTE pro-visoire.	RENTE viagère.	
AN 6.							
3 thermidor	2f 29c	45f 50c	2f 31c	14f 90c	15f 00c	//	
4.........	2. 30.	46. 00.	2. 33.	13. 75.	15. 00.	//	
5.........	2. 31.	//	2. 40.	14. 50.	15. 50.	//	
6.........	2. 39.	//	2. 44.	15. 25.	16. 00.	//	
7.........	2. 38.	//	2. 43.	16. 25.	17. 00.	//	
8.........	//	46. 00.	2. 50.	16. 75.	17. 00.	//	
9.........	//	//	//	//	//	//	
10.........	//	//	//	//	//	//	
11.........	//	//	2. 46.	17. 50.	17. 50.	//	
12.........	2. 43.	55. 00.	2. 48.	16. 75.	17. 25.	//	
13.........	2. 40.	//	2. 45.	16. 50.	16. 38.	//	
14.........	2. 35.	//	2. 39.	16. 38.	17. 25.	//	
15.........	2. 34.	//	2. 38	16. 25.	17. 25.	//	
16.........	2. 25.	43. 00.	2. 33.	16. 13.	//	//	
17.........	2. 25	//	2. 29.	15. 75.	16. 75.	//	
18.........	//	//	2. 31.	17. 00.	17. 63.	16f 00c	
19.........	2. 20.	//	2. 25.	17. 00.	17. 63.	16. 75	
20.........	//	//	//	//	//	//	
21.........	2. 30.	43. 00.	2. 34.	18. 00.	18. 50.	17. 50.	
22.........	2. 30.	//	2. 36.	17. 88.	18. 00.	18. 00.	
23.........	//	//	//	//	//	//	
24.........	2. 35.	45. 00.	2. 38.	18. 90.	17. 75.	17. 25.	
25.........	//	//	2. 38.	17. 00.	17. 25.	16. 63.	
26.........	2. 30.	45. 00.	2. 34.	16. 75.	18. 00.	16. 50.	
27.........	2. 29.	45. 00.	2. 33.	17. 25.	18. 25.	//	
28.........	//	45. 00.	2. 35.	17. 75.	19. 25	//	
29.........	2. 30.	//	2. 35.	17. 75.	19. 50.	//	
30.........	//	//	//	//	//	//	
1.er fructidor	2. 34.	//	2. 37.	17. 75.	19. 50.	//	
2.........	2. 36	//	2. 41.	17. 50.	19. 25.	//	
3.........	2. 40.	45. 00.	2. 43.	17. 38.	19. 25.	17. 25.	
4.........	2. 38.	50. 00.	2. 40.	17. 25.	19. 00.	//	
5.........	2. 35	49. 00.	2. 38.	16. 63.	17. 25.	16. 90.	
6.........	2. 28.	49. 00.	2. 33	16. 25.	17. 50.	16. 90.	
7.........	2. 33.	50. 00.	2. 34.	16. 25.	18. 25	//	
8.........	2. 30.	49. 50.	2. 34.	16. 75.	18. 25.	16. 00.	
9.........	//	47. 00.	2. 36.	17. 13.	//	17. 00.	
10.........	//	//	//	//	//	//	
11.........	2. 34.	46. 50.	2. 37.	17. 00.	18. 50.	//	
12.........	//	//	1. 39.	17. 25.	18. 75.	17. 00.	
13.........	2. 35.	44. 00.	2. 38.	1. 00.	19. 00.	16. 75.	
14.........	2. 33.	44. 00.	2. 38.	17. 00.	18. 75.	16. 75.	
15.........	2. 55	//	2. 39.	17. 00.	18. 88.	16. 75.	
16.........	2. 38.	44. 00	2. 41.	17. 50.	19. 00.	17. 00.	
17.........	2. 33.	43. 00.	2. 39.	17. 88.	19. 13.	17. 63.	
18.........	//	//	//	//	//	//	
19.........	//	//	2. 37.	17. 75.	19. 00.	17. 63.	
20.........	//	//	//	//	//	//	

DATE DU COURS.	DÉSIGNATION DES EFFETS PUBLICS.								OBSERVATIONS.
	BONS 3/4.	BONS 1/4.	BONS 2/3.	TIERS consolidé.	RENTE provisoire.	RENTE viagère.	BONS ds derniers six mois de l'an VI.	BONS d'arrérages.	
AN 6.									
21 fractidor..	"	38f 00c	2f 39c	17f 63c	18f 75c	17f 63c	"	"	
22	2f 34c	37. 50.	2. 36.	17. 63.	18. 50.	"	"	"	
23	2. 35.	37. 00	2. 38.	17. 75.	18. 25.		"	"	
24	2. 35.	36. 00.	2. 38.	18. 00.	18. 75.		"	"	
25	2. 36.	38. 00.	2. 38.	18. 25.	19. 00.	18. 00.	"	"	
26	2. 35.	40. 00.	2. 38.	19. 50.	19. 20.		"	"	
27	2. 35.	40. 50.	2. 38.	19. 25.	20. 00.	18. 75.	"	"	
28	2. 30.	41. 00.	2. 32.	19. 88.	19. 75.	19. 75.	"	"	
29	2. 28.	41. 00.	2. 31.	19. 25.	19. 00.		"	"	
30	"	"	"	"	"	"	"	"	
1.er j.r comp.	2. 28.	"	2. 30.	18. 25.	18. 75.	18. 13.	"	"	
2	2. 25.	41. 00.	2. 28.	18. 25.	18. 75.	18. 13.	"	"	
3	2. 25.	43. 00.	2. 28.	18. 50.	19 00.	18. 13.	"	"	
4	2. 21.	43. 00.	2. 24.	18. 75.	19. 50.	18. 50.	"	"	
5	"	"	"	"	"	"	"	"	
AN 7.									
1.er vendém.	"	"	"	"	"	"	"	"	
2	"	"	"	"	"	"	"	"	
3	"	"	"	"	"	"	"	"	
4	"	"	"	"	"	"	"	"	
5	"	"	"	"	"	"	"	"	
6	2. 30.	42. 00.	2. 34.	18. 50.	18. 88.	18. 25.	"	"	
7	2. 29.	42. 00.	2. 31.	18. 75.	18. 75.	18. 13.	"	"	
8	2. 30.	"	2. 34.	18. 50.	19. 00	18. 38.	"	"	
9	2. 31.	39. 00.	2. 34.	18. 63.	19. 00.	18. 38.	"	"	
10	"	"	"	"	"	"	"	"	
11	"	37. 00.	2. 34.	18. 63.	19. 00.	18. 38.	"	"	
12	"	37. 00.	2. 32.	18. 50.	19. 25.	18. 38.	"	"	
13	2. 30.	35. 50.	2. 32.	18. 00.	19. 00.	18. 00.	"	"	
14	2. 28.	"	2. 31.	18. 63.	19. 13.	18. 25.	"	"	
15	2. 25.	"	2. 28.	18. 38.	19. 00.	18. 25.	"	"	
16	2. 26.	"	2. 30.	17. 75.	"	17. 63.	"	"	
17	2. 29.	32. 00.	2. 31.	17. 75.	18. 75.	17. 50.	"	"	
18	"	30. 00.	2. 30.	17. 75.	18. 75.	"	"	"	
19	2. 29.	29. 00.	2. 30.	17. 00.	18. 00.	"	"	"	
20	"	"	"	16. 88.	18. 13.	16. 63.	"	"	
21	2. 26.	28. 30.	2. 30.	16. 88.	18. 13.	16. 63.	"	"	
22	2. 28.	32. 00.	2. 31.	16. 75.	17. 88.	16. 38.	"	"	
23	2. 26.	31. 00.	2. 29.	16. 25.	17. 88.	15. 88.	"	"	
24	2. 25.	31. 00.	2. 29.	15. 50.	16. 25.	"	"	"	
25	2. 28.	35. 00.	2. 31.	15. 50.	16. 00.	15. 00.	"	"	
26	2. 29.	34. 50.	2. 31.	15. 38.	16. 25.	15. 00.	"	"	
27	2. 28.	34. 00.	2. 32.	15. 50.	16. 25.	15. 25.	"	"	
28	2. 28.	34. 00.	2. 32.	15. 38.	16. 25.	15. 13.	"	"	
29	2. 33.	35. 00.	2. 35.	16. 25.	"	16. 00.	"	"	
30	"	"	"	"	"	"	"	"	
1.er brumaire	2. 38.	35. 00.	2. 45.	16. 25.	16. 38.	16. 00.	"	"	

DATE DU COURS.	DÉSIGNATION DES EFFETS PUBLICS.								OBSERVATIONS.
	BONS 3/4.	BONS 1/4.	BONS 2/3.	TIERS consolidé.	RENTE provisoire.	RENTE viagère.	BONS des derniers 6 mois de l'an VI.	BONS d'arrérages.	
AN 7.									
2 brumaire.	2f 40c	"	2f 46c	16f 00c	16f 50c	15f 50c	"	"	
3	2. 38.	35f 00c	2. 43.	15. 88.	16. 25.	15. 63.	"	"	
4	2. 39.	34. 50.	2. 43.	15. 75.	16. 50.	15. 50.	"	"	
5	2. 40.	34. 00.	2. 47.	15. 50.	15. 75.	15. 50.	"	"	
6	2. 35.	34. 00.	2. 39.	15. 38.	16. 00.	15. 00.	"	"	
7	2. 25.	34. 00.	2. 31.	15. 75.	16. 50.	"	"	"	
8	2. 10.	"	2. 16.	15. 00.	"	"	"	"	
9	2. 10.	"	2. 16.	13. 75.	14. 75.	"	"	"	
10	"	"	"	"	"	"	"	"	
11	2. 16.	"	2. 22.	12. 63.	14. 50.	"	"	"	
12	2. 23.	33. 00.	2. 25.	12. 63.	14. 50.	"	"	"	
13	2. 10.	"	2. 16.	12. 50.	14. 50.	"	"	"	
14	2. 13.	"	2. 15.	12. 00.	13. 00.	11. 00.	"	"	
15	2. 10.	"	2. 13.	11. 50.	12. 00.	"	"	"	
16	2. 07.	23. 00.	2. 13.	12. 13.	12. 25.	11. 13.	"	"	
17	2. 14.	21. 00.	2. 20.	12. 50.	13. 00.	"	"	"	
18	2. 15.	23. 00.	2. 19.	13. 00.	13. 63.	"	"	"	
19	2. 13.	"	2. 17.	12. 88.	13. 25.	12. 00.	"	"	
20	"	"	"	"	"	"	"	"	
21	2. 13.	"	2. 16.	12. 75.	13. 38.	12. 25.	"	"	
22	2. 10.	22. 00.	2. 14.	12. 65.	13. 25.	"	"	"	
23	2. 11.	"	2. 15.	12. 50.	"	12. 25.	"	"	
24	"	22. 00.	2. 14.	12. 13.	12. 75.	"	"	"	
25	2. 10.	"	2. 16.	12. 13.	13. 25.	"	"	"	
26	2. 13.	"	2. 17.	12. 00.	13. 50.	11. 75.	"	"	
27	2. 10	"	2. 13.	12. 13.	13. 50.	11. 75.	"	"	
28	"	"	"	"	"	"	"	"	
29	"	"	"	"	"	"	"	"	
30	"	"	"	"	"	"	"	"	
1.er frimaire.	1. 71.	"	1. 90.	12. 25.	13. 38	"	"	"	
2	1. 70.	"	1. 98.	11. 75.	13. 50.	11. 50.	"	"	
3	1. 85.	"	1. 91.	11. 50.	13. 25.	"	"	"	
4	1. 85.	"	1. 91.	11. 38.	13. 00.	"	"	"	
5	1. 86.	"	1. 91.	10. 75.	13. 00.	"	"	"	
6	1. 85	"	1. 93.	10. 75.	13. 00.	"	"	"	
7	1. 85.	"	1. 93.	10. 75.	13. 13.	"	"	"	
8	1. 85.	"	1. 90.	11. 63.	13. 13.	11. 00.	"	"	
9	1. 88.	"	1. 91.	11. 75	13. 00.	"	"	"	
10	"	"	"	"	"	"	"	"	
11	"	"	1. 91.	11. 75.	"	"	"	"	
12	1. 80.	"	1. 91.	11. 00.	12. 25.	"	"	"	
13	1. 86.	"	1. 91.	11. 25.	12. 00.	"	"	"	
14	1. 86	"	1. 91.	12. 00.	12. 25.	11. 25.	"	"	
15	1. 87.	"	1. 90.	11. 88.	12. 00.	"	"	"	
16	"	"	1. 88.	11. 88.	11. 50.	11. 25.	"	"	
17	1. 85	"	1. 90.	11. 00.	10. 50.	"	"	"	
18	"	"	1. 90.	10. 75.	10. 00.	9. 75.	"	"	
19	"	"	1. 90.	10. 25.	9. 50.	"	"	"	

DATE DU COURS.	DÉSIGNATION DES EFFETS PUBLICS.								OBSERVATIONS.
	BONS 3/4	BONS 1/4	BONS 2/3.	TIERS consolidé.	RENTE provisoire.	RENTE viagère.	BONS des derniers 6 mois del'an VI.	BONS d'arrérages.	
AN 7.									
20 frimaire..	//	//	//	//	//	9f 75c	//	//	
21	1f 85c	//	1f 90c	10f 00c	9f 75c	//	//	//	
22	//	//	1. 91.	9. 38.	10. 00.	//	//	//	
23	1. 86.	//	1. 92.	9. 25.	10. 00.	9f 00c	//	•	
24	//	12f 00c	1. 91.	9. 25.	//	//	//	//	
25	//	15. 00.	1. 91.	10. 25.	9. 75.	9. 00.	//	//	
26	1. 86.	//	1. 90.	10. 38.	9. 88.	9. 50.	//	//	
27	1. 88.	//	1. 90.	11. 25.	9. 75.	9. 75.	//	//	
28	1. 88.	13. 00.	1. 90.	12. 25.	10. 00.	//	//	//	
29	1. 86.	//	1. 89.	13. 25.	10. 25.	9. 50.	//	//	
30	//	//	//	//	//	//	//	//	
1.er nivôse..	1. 88.	14. 00.	1. 90.	11. 75.	9. 50.	9. 25.	//	//	
2	1. 89.	//	1. 91.	12. 63.	9. 25.	//	//	//	
3	//	//	1. 89.	11. 75.	9. 75	//	85f 00c	//	
4	1. 85.	//	1. 90.	12. 00.	9. 75.	//	83. 00.	//	
5	//	14. 00.	1. 89.	11. 50.	9. 75.	//	82. 00.	//	
6	//	//	1. 89.	11. 00.	9. 75	//	83. 50.	//	
7	1. 88.	//	1. 88.	10. 75.	9. 25.	//	82. 25.	//	
8	1. 86.	14. 00.	1. 89.	10. 00.	9. 00.	//	80. 00.	//	
9	//	14. 00.	1. 88.	10. 00.	9. 25.	//	78. 00.	//	
10	//	//	//	//	//	//	//	//	
11	//	//	1. 86.	10. 25.	9. 25.	//	75. 50.	//	
12	1. 85.	//	1. 88.	10. 75.	9. 50.	//	74. 75.	//	
13	//	14. 00.	1. 88.	11. 38.	9. 25.	//	78. 50.	//	
14	1. 86.	14. 00.	1. 90.	11. 63.	9. 25.	//	79. 00.	//	
15	//	//	1. 90.	12. 00.	9. 13.	//	79. 00.	//	
16	•	//	1. 88.	11. 75.	9. 13.	//	79. 50.	//	
17	//	//	1. 88.	12. 59.	9. 00.	//	81. 50.	//	
18	//	//	1. 86	12. 50.	9. 00.	//	80. 50.	//	
19	1. 83.	//	1. 86	11. 88.	9. 00.	//	79. 50.	//	
20	//	//	//	//	//	//	//	//	
21	1. 84.	//	1. 87.	12. 00.	9. 25.	//	80. 00.	//	
22	1. 75.	//	1. 84.	16. 00.	9. 50.	//	80. 50.	//	
23	1. 75.	//	1. 84.	14. 50.	10. 00.	//	80. 25.	//	
24	1. 75.	//	1. 81.	11. 25.	9. 50.	//	80. 00.	//	
25	//	//	1. 82.	11. 25.	10. 00.	//	80. 25.	//	
26	1. 78.	//	1. 83.	10. 50.	9. 50.	//	80. 38.	//	
27	//	//	1. 84.	10. 50.	9. 50.	//	80. 25.	//	
28	1. 80.	//	1. 85.	11. 00.	9. 50.	//	80. 50.	//	
29	1. 73.	//	1. 81.	11. 25.	9. 50.	//	81. 50.	//	
30	//	//	//	//	//	//	//	//	
1.er pluviôse.	1. 73.	//	1. 78.	11. 75.	10. 00.	//	85. 00.	//	
2	//	//	//	//	//	//	//	//	
3	//	//	1. 75.	11. 25.	9. 50.	//	86. on.	//	
4	1. 60.	//	1. 70.	11. 25.	9. 00.	//	84. 75.	//	
5	1. 31.	//	1. 70.	10. 38.	9. 50.	//	85. 75.	//	
6	//	//	1. 50.	10. 63.	9. 25.	//	86. 00.	//	
7	1. 00.	//	1. 25.	11. 00.	9. 25.	//	86. 00.	//	

DATE DU COURS.	DÉSIGNATION DES EFFETS PUBLICS.								OBSERVATIONS.
	BONS 3/4.	BONS 1/4.	BONS 2/3.	TIERS consolidé.	RENTE provisoire.	RENTE viagère.	BONS des derniers 6 mois de l'an VI.	BONS d'arrérages.	
AN 7.									
8 pluviôse..	1f 05c	//	1f 20c	10f 75c	9f 25c	//	87f 50c	//	
9........	1.20.	//	1.35.	11.00	9.00.	//	88.50.	//	
10........	//	//	//	//	//	//	//	//	
11........	//	10f 00c	1.40.	10.88.	9.25.	//	88.50.	//	
12........	//	10.00.	1.45.	10.75	9.00.	//	88.75.	//	
13........	1.30.	//	1.41.	11.50.	9.00.	//	89.00.	//	
14........	1.33.	10.00.	1.43.	11.50.	9.00.	//	88.75.	//	
15........	1.30.	//	1.39.	11.50.	9.00.	//	88.75.	//	
16........	//	//	1.35.	11.25.	8.75.	//	88.00.	//	
17........	1.15.	//	1.25.	11.50.	//	//	87.50.	//	
18........	1.18.	//	1.25.	11.63.	8.75.	//	86.25.	//	
19........	1.10.	//	1.24.	11.88.	8.75.	//	86.25.	//	
20........	//	//	//	//	//	//	//	//	
21........	1.18.	//	1.25.	11.75.	8.63.	//	86.75.	//	
22........	//	//	1.25.	11.50.	8.63.	//	87.25.	//	
23........	1.10.	//	1.25.	11.38.	8.50.	//	87.38.	//	
24........	1.20.	//	1.24.	11.00.	8.00.	//	87.25.	//	
25........	1.15.	12.50.	1.24.	10.88.	8.00.	//	87.13.	//	
26........	1.16.	//	1.23.	11.00.	7.75.	//	86.50.	//	
27........	//	13.00.	1.23.	10.25.	7.50.	//	84.50.	//	
28........	//	//	//	11.75.	7.75.	//	//	//	
29........	1.05.	//	1.16.	10.63.	7.25.	//	83.25.	//	
30........	//	//	//	//	//	//	//	//	
1.er ventôse	1.15.	//	1.24.	10.75.	7.50	//	83.63.	//	
2........	//	//	1.19.	10.88.	7.50.	//	83.00.	//	
3........	//	//	1.20.	10.75.	7.50.	//	81.75.	//	
4........	1.10.	//	1.16.	10.38.	7.38.	//	81.00.	//	
5........	//	//	1.16.	10.50.	7.25.	//	80.25.	//	
6........	//	//	1.16.	11.00.	7.50.	//	80.00.	//	
7........	//	//	1.16.	11.25.	7.50.	//	77.50.	//	
8........	//	//	1.18.	11.38.	7.38.	//	77.00.	//	
9........	//	//	1.15.	11.13.	7.50.	//	76.75.	//	
10........	//	//	//	//	//	//	//	//	
11........	//	//	1.15.	11.25.	7.50.	//	76.00.	//	
12........	1.05.	//	1.13.	10.50.	7.38.	//	74.00.	//	
13........	0.00.	//	1.13.	10.50.	//	//	73.25.	//	
14........	1.05.	14.00.	1.14.	10.38.	7.00.	//	73.75.	//	
15........	//	//	1.14.	10.25.	7.00.	//	71.50.	//	
16........	//	//	1.11.	10.38.	7.00.	//	70.75.	//	
17........	//	//	1.09.	10.13.	7.00.	//	71.00.	//	
18..... ..	//	//	1.08.	10.13.	7.00.	//	71.25.	//	
19........	//	//	1.06.	10.25.	7.00.	//	71.50.	//	
20........	//	//	//	//	//	//	//	//	
21........	1.00.	//	1.04.	10.13.	7.13.	//	71.00.	//	
22........	//	//	0.98.	10.00	7.00.	//	70.00.	//	
23........	//	//	0.90.	9.75.	7.13.	//	67.00.	//	
24........	0.85.	//	0.90.	10.13.	7.13.	//	66.25.	//	
25........	//	//	1.08.	10.25.	7.13.	//	66.13.	//	

DATE DU COURS.	DÉSIGNATION DES EFFETS PUBLICS.								OBSERVATIONS.
	BONS 3/4.	BONS 1/4.	BONS 2/3.	TIERS consolidé.	RENTE provisoire.	RENTE viagère.	BONS des dernières 6 mois de l'an VI.	BONS d'arrérages.	
AN 7.									
26 ventôse...	1f 05c	//	1f 10c	10f 13c	7f 50c	//	66f 38c	//	
27.........	//	12f 00c	1. 09.	10. 25.	7. 63.	//	64. 00.	//	
28.........	1. 05.	//	1. 14.	10. 25.	8. 25.	//	65. 75.	//	
29.........	1. 05.	//	1. 16.	10. 31.	8. 25.	//	66. 88.	//	
30.........	//	//	//	//	//	//	//	//	
1.er germinal	//	//	1. 13	10. 38.	8. 00.	//	71. 50.	//	
2.........	//	15. 00.	1. 09.	10. 13.	8. 25.	//	72. 50.	//	
3.........	//	//	1. 10.	10. 13.	8. 25.	//	73. 00.	//	
4.........	1. 05.	//	1. 10.	10. 25.	8. 50.	//	72. 00.	//	
5.........	1. 05.	//	1. 11.	10. 00.	8. 75.	//	71. 00.	//	
6.........	1. 09.	//	1. 09.	10. 13.	9. 00.	//	69. 50.	//	
7.........	//	//	1. 08.	10. 13.	9. 50.	//	69. 00.	//	
8.........	//	16. 00.	1. 04.	10. 38.	11. 00.	//	69. 50.	//	
9.........	//	//	1. 08.	10. 25.	11. 00.	//	70. 00.	//	
10.........	//	//	//	//	//	//	//	//	
11.........	//	16. 00.	1. 09.	10. 25.	12. 00.	//	70. 13.	//	
12.........	//	16. 00.	1. 12.	10. 25.	13. 00.	//	71. 00.	//	
13.........	//	16. 00.	1. 13.	10. 13.	11. 00.	//	71. 00.	//	
14.........	1. 05.	16. 50.	1. 10.	10. 25.	11. 00	//	70. 75.	//	
15.........	//	//	1. 15.	10. 13.	11. 75.	//	70. 88.	//	
16.........	1. 05.	//	1. 14.	10. 25.	11. 25.	//	71. 38.	//	
17.........	//	//	1. 13.	10. 63.	10. 50.	//	73. 00.	//	
18.........	//	16. 00.	1. 18.	10. 75.	9. 75.	//	73. 00.	//	
19.........	1. 15.	//	1. 9.	10. 75.	9. 75.	//	75. 38.	//	
20.........	//	//	//	//	//	//	//	//	
21.........	//	//	1. 21.	10. 50.	9. 00.	//	77. 00.	//	
22.........	//	//	1. 19	10. 50.	9. 00.	//	78. 38.	//	
23.........	//	//	1. 17.	10. 25.	8. 50.	//	76. 75.	//	
24.........	1. 15.	//	1. 18	10. 25.	8. 25.	//	78. 75.	//	
25.........	1. 14.	//	1. 18.	10. 13.	7. 50.	//	76. 50.	//	
26.........	//	//	1. 15.	10. 25.	7. 75.	//	76. 13.	//	
27.........	1. 08.	16. 00.	1. 15	10. 25.	8. 00.	//	75. 00.	//	
28.........	1. 10.	//	1. 16.	10. 13.	8. 00.	//	75. 75.	//	
29.........	1. 10.	//	1. 16.	10. 13.	8. 00.	//	75. 38.	//	
30.........	//	//	//	//	//	//	//	//	
1.er floréal..	//	//	1. 14.	10. 25.	8. 25.	//	75. 25.	//	
2.........	//	//	1. 15	10. 50.	8. 50.	//	76. 38.	//	
3.........	//	//	1. 15.	10. 50.	8. 75.	//	76. 75.	//	
4.........	1. 10.	//	1. 15	10. 50.	9. 00.	//	76. 88.	//	
5.........	1. 10.	//	1. 15.	10. 63.	8. 75.	//	76. 25.	//	
6.........	1. 10.	//	1. 15.	10. 65.	8. 75.	//	76. 75.	//	
7.........	//	//	1. 16.	11. 63.	8. 75.	//	77. 75.	//	
8.........	//	//	1. 14.	11. 13.	8. 75.	//	76. 50.	//	
9.........	//	//	1. 11.	11. 00.	8. 00.	//	77. 00.	//	
10.........	//	//	//	//	//	//	//	//	
11.........	//	//	1. 13.	10. 75.	8. 00.	//	77. 75.	//	
12.........	1. 05.	//	1. 12.	10. 75.	7. 75.	//	77. 75.	//	
13.........	1. 05.	//	1. 10.	10. 88.	7. 50.	//	77. 50.	//	

DATE DU COURS.	BONS 3/4.	BONS 1/4.	BONS 2/3.	TIERS consolidé.	RENTE provisoire.	RENTE viagère.	BONS des derniers 6 mois de l'an VI.	BONS d'arrérages.	OBSERVATIONS.
AN 7.									
14 Floréal...	"	"	1f 12c	10f 88c	7f 75c	"	78f 00c	"	
15........	1f 10c	"	1. 14.	11. 25.	8. 00.	"	78. 50.	"	
16........	1. 10.	"	1. 14.	11. 13.	7. 50.	"	78. 63.	"	
17........	"	"	1. 12.	11. 25.	"	"	80. 25.	"	
18........	"	"	1. 13.	10. 88.	"	"	82. 50.	"	
19........	1. 08.	"	1. 11.	11. 00.	7. 50.	"	82. 25.	"	
20........	"	"	"	"	"	"	"	"	
21........	"	"	1. 12.	10. 88.	7. 63.	"	82. 50.	"	
22........	"	"	1. 11.	10. 88.	"	"	85. 00.	"	
23........	"	"	1. 11.	10. 63.	7. 50.	"	84. 75.	"	
24........	"	"	1. 05.	10. 63.	7. 25.	"	83. 50.	"	
25........	"	"	1. 06.	10. 63.	7. 13.	"	81. 25.	"	
26........	"	"	"	"	"	"	"	"	
27........	0. 80.	"	0. 99.	10. 50.	6. 50.	"	80. 00.	"	
28........	0. 90.	"	1. 01.	10. 25.	6. 50.	"	82. 00.	"	
29........	0. 95.	10f 00c	1. 01.	10. 50.	6. 00.	"	83. 00.	"	
30........	"	"	"	"	"	"	"	"	
1.er Prairial..	0. 95.	"	1. 00.	10. 75.	6. 50.	"	82. 88.	"	
2........	"	"	1. 03.	10. 75.	6. 38.	"	85. 88.	"	
3........	"	"	1. 03.	10. 88.	6. 50.	"	84. 50.	"	
4........	1. 00.	"	1. 04.	11. 38.	6. 38.	"	85. 13.	"	
5........	"	"	1. 03	11. 63.	6. 50.	"	85. 50.	"	
6........	"	10. 00.	1. 01.	11. 25.	6. 50.	"	84. 50.	"	
7........	"	"	1. 01	11. 38.	6. 25.	"	83. 00.	"	
8........	"	"	0. 99.	11. 25.	6. 00.	"	82. 25.	"	
9........	0. 97.	"	1. 00.	11. 50.	6. 00.	"	82. 88.	"	
10........	"	"	"	"	"	"	"	"	
11........	"	"	0. 99.	11. 38.	"	"	83. 38.	"	
12........	0. 95.	"	0. 99.	11. 38.	5. 50.	"	84. 75.	"	
13........	"	"	1. 00.	11. 50.	5. 00.	"	85. 25.	"	
14........	"	"	0. 99.	11. 50.	5. 50.	"	83. 00.	"	
15........	"	"	0. 99.	10. 25.	5. 25.	"	80. 50.	"	
16........	"	"	0. 99.	10. 25.	5. 25.	"	"	79. 50.	
17........	"	"	0. 99.	10. 25.	5. 25.	"	"	80. 50.	
18........	"	"	0. 99.	10. 13.	5. 25.	"	"	80. 50.	
19........	"	"	0. 98.	10. 13.	5. 50.	"	"	80. 38.	
20........	"	"	"	"	"	"	"	"	
21........	"	10. 00.	0. 98.	10. 13.	5. 50.	"	"	80. 50.	
22........	"	"	0. 98.	10. 13.	5. 00.	"	"	80. 75.	
23........	"	"	0. 95.	10. 13.	5. 00.	"	"	80. 38.	
24........	0. 90.	"	0. 93.	10. 00.	5. 00.	"	"	79. 25.	
25........	"	"	0. 94.	10. 00.	5. 25.	"	"	78. 50.	
26........	"	"	0. 91.	9. 88.	5. 13.	"	"	78. 00.	
27........	"	"	0. 85.	9. 50.	5. 00.	"	"	75. 50.	
28........	0. 70.	"	0. 85.	9. 00.	5. 25.	"	"	71. 63.	
29........	"	"	0. 83.	10. 13.	4. 50.	"	"	70. 75.	
30........	"	"	"	"	"	"	"	"	
1.er Messidor.	"	"	0. 93.	10. 13.	4. 75.	"	"	74. 00.	

DATE DU COURS.	DÉSIGNATION DES EFFETS PUBLICS.								OBSERVATIONS.
	BONS 3/4.	BONS 1/4.	BONS 2/3.	TIERS consolidé.	RENTE provisoire.	RENTE viagère.	BONS des derniers 6 mois de l'an VI.	BONS d'arré-rages.	
AN 7.									
2 Messidor..	"	"	0f 93c	10f 50c	5f 00c	"	"	76f 00c	
3........	"	"	0. 90.	10. 38.	4. 50.	"	"	73. 00.	
4........	"	"	0. 88.	10. 38.	4. 25.	"	"	72. 25.	
5........	"	"	0. 89.	10. 63.	4. 25.	"	"	73. 25.	
6........	"	"	0. 90.	13. 75.	4. 25.	"	"	73. 13.	
7........	"	"	0. 90.	10. 75.	4. 13.	"	"	73. 38.	
8........	0f 85c	"	0. 89.	10. 50.	4. 25.	"	"	73. 75.	
9........	0. 85.	"	0. 89.	10. 38.	4. 38.	"	"	75. 00.	
10........	"	"	"	"	"	"	"	"	
11........	"	"	0. 88.	10. 00.	4. 25.	"	"	73. 50.	
12........	0. 80.	"	0. 85.	10. 25.	4. 00.	"	"	72. 50.	
13........	"	"	0. 85.	10. 25.	3. 75.	"	"	72. 00.	
14........	"	"	0. 85.	10. 00.	3. 75.	"	"	71. 50.	
15........	"	"	0. 86.	10. 13.	3. 38.	"	"	71. 13	
16........	0. 80.	"	0. 87.	10. 13.	3. 25.	"	"	70. 00.	
17........	"	"	0. 88.	10. 00.	3. 25.	"	"	68. 25.	
18........	"	"	0. 86.	9. 88.	3. 25.	"	"	67. 63.	
19........	0. 65.	"	0. 75.	9. 50.	3. 25.	"	"	62. 50.	
20........	"	"	"	"	"	"	"	"	
21........	"	"	0. 80.	9. 50.	3. 00.	"	"	63. 75.	
22........	"	"	0. 80.	9. 38.	3. 00.	"	"	62. 00.	
23........	0. 70.	"	0. 76.	9. 25.	2. 75.	"	"	59. 50.	
24........	"	"	0. 76.	9. 13.	2. 50.	"	"	60. 25.	
25........	"	"	0. 75.	8. 88.	2. 25	"	"	59. 00.	
26........	"	"	"	"	"	"	"	"	
27........	"	"	0. 79.	9. 00.	2. 25.	"	"	60. 50.	
28........	"	"	0. 88.	9. 38.	2. 75.	"	"	63. 75.	
29........	"	"	0. 83.	9. 38.	"	"	"	62. 00.	
30........	"	"	"	"	"	"	"	"	
1.er Thermid.	"	"	0. 80.	9. 00.	"	"	"	61. 00.	
2........	"	"	0. 78.	8. 75.	2. 50.	"	"	58. 75.	
3........	"	"	0. 79.	8. 75.	2. 50.	"	"	58. 25.	
4........	"	"	0. 79.	8. 50.	"	"	"	55. 75.	
5........	"	"	0. 79.	8. 75.	2. 75.	"	"	53. 75.	
6........	"	"	0. 80.	8. 63.	"	"	"	55. 50.	
7........	"	"	0. 80.	8. 88.	"	"	"	57. 50.	
8........	"	"	0. 80.	8. 63.	2. 75.	"	"	57. 00.	
9........	"	"	"	"	"	"	"	"	
10........	"	"	"	"	"	"	"	"	
11........	"	"	0. 79.	8. 63.	"	"	"	59. 38.	
12........	"	"	0. 79.	8. 75.	2. 50.	"	"	61. 38.	
13........	"	"	0. 78.	8. 75.	"	"	"	57. 50.	
14........	"	"	0. 75.	8. 50.	"	"	"	54. 50.	
15........	0. 68.	"	0. 71.	8. 38.	"	"	"	57. 88.	
16........	"	"	0. 72.	8. 38.	"	"	"	58. 00.	
17........	0. 68.	"	0. 72.	8. 00.	2. 75.	"	"	56. 25.	
18........	"	"	0. 73.	8. 00.	"	"	"	57. 00.	
19........	"	"	0. 72.	8. 25.	2. 63.	"	"	56. 63.	

4

DATE DU COURS.	DÉSIGNATION DES EFFETS PUBLICS.								OBSERVATIONS.
	BONS 3/4.	BONS 1/4.	BONS 2/3.	TIERS consolidé.	RENTE pro-visoire.	RENTE viagère.	BONS des derniers 6 mois de l'an VI.	BONS d'arré-rages.	
AN 7.									
20 Thermid.	"	"	"	"	"	"	"	"	
21	"	"	0f 70c	7f 83c	2f 50c	"	L	56f 38c	
22	0f 6,c	"	0. 68.	7. 75.	"	"	"	57. 00.	
23	"	"	0. 71.	7. 88.	"	"	"	58. 50.	
24	"	"	0. 71.	8. 00.	"	"	"	58. 50.	
25	"	"	0. 70.	8. 00.	2. 75.	"	"	59. 50.	
26	0. 65.	"	0. 69.	8. 00.	2. 50.	"	"	59. 75.	
27	"	"	0. 69.	8. 00.	"	"	"	59. 63.	
28	"	"	0. 69.	8. 00.	2. 50.	"	"	59. 50.	
29	"	"	0. 68.	8. 00.	2. 25.	"	"	59. 00.	
30	"	"	"	"	"	"	"	"	
1.er Fructidor.	"	"	0. 68	8. 00.	2. 25.	"	"	60. 75.	
2	"	"	0. 66.	8. 25.	2. 25.	"	"	61. 00.	
3	"	"	0. 66.	8. 13.	"	"	"	60. 00.	
4	"	"	0. 64.	8. 13.	"	"	"	60. 00.	
5	"	"	0. 63.	7. 88.	2. 25.	"	"	60. 00.	
6	"	"	0. 63.	7. 75.	2. 00.	"	"	59. 88.	
7	"	"	0. 60.	7. 75.	2. 00.	"	"	60. 00.	
8	"	"	0. 61.	7. 88.	2. 25.	"	"	60. 50.	
9	"	"	0. 63.	8. 00.	2. 00.	"	"	61. 63.	
10	"	"	"	"	"	"	"	"	
11	0. 60.	"	0. 64.	7. 88.	"	"	"	63. 00.	
12	"	"	0. 63.	7. 88.	2. 00.	"	"	63. 75.	
13	"	"	0. 63.	7. 88.	"	"	"	65. 00.	
14	"	"	0. 61.	7. 75.	"	"	"	64. 15.	
15	"	"	0. 60.	7. 88.	1. 75.	"	"	65. 00.	
16	"	"	0. 61.	7. 88.	2. 00.	"	"	67. 50.	
17	"	"	0. 62.	8. 25.	2. 00.	"	"	69. 75.	
18	"	"	"	"	"	"	"	"	
19	"	"	0. 63.	8. 75.	2. 00.	"	"	71. 75.	
20	"	"	"	"	"	"	"	"	
21	0. 60.	"	0. 63.	8. 50.	1. 88.	"	"	75. 25.	
22	"	"	0. 63.	8. 25.	"	"	"	72. 00.	
23	"	"	0. 63.	8. 38.	"	"	"	69. 75.	
24	"	"	0. 64.	8. 50.	"	"	"	66. 75.	
25	"	"	0. 64.	8. 25.	"	"	"	65. 88.	
26	"	"	0. 64.	8. 25.	1. 75.	"	"	68. 75.	
27	"	"	0. 63.	8. 25.	2. 00.	"	"	68. 75.	
28	"	"	0. 64.	8. 25.	"	"	"	67. 88.	
29	"	"	0. 63.	8. 38.	2. 00.	"	"	71. 25.	
30	"	"	"	"	"	"	"	"	
1.er j.r compl..	"	"	0. 64.	8. 38.	1. 88.	"	"	70. 75.	
2	"	"	0. 64.	8. 50.	"	"	"	69. 75.	
3	"	"	0. 64.	8. 63.	"	"	"	71. 50.	
4	0. 60.	10f 00c	0. 65.	8. 63.	"	"	"	72. 50.	
5	"	"	0. 66.	8. 63.	"	"	"	74. 25.	

DATE DU COURS.	BONS 3/4.	BONS 1/4.	BONS 2/3.	TIERS consolidé.	RENTE provisoire.	BONS d'arrérage.	BONS an VIII.	BONS du syndicat.	RESCRIPTIONS de domaines.	BONS du syndicat en 500.	COUPURES.	DÉLÉGATIONS.
DÉSIGNATION ET NATURE DES EFFETS PUBLICS; LEUR VALEUR POUR CENT, ESPÈCES.												
An 8.												
1.er vendém.	//	//	//	//	//	//	//	//	//	//	//	//
2	0f 63c	//	0f 68c	7f 75c	//	75f 00c	//	//	//	//	//	//
3	//	//	0. 70.	7. 50.	2. 00.	75. 00.	//	//	//	//	//	//
4	//	//	0. 70.	7. 25.	1. 78.	74. 25.	//	//	//	//	//	//
5	//	//	0. 73.	7. 13.	1. 75.	74. 00.	//	//	//	//	//	//
6	//	//	0. 75.	7. 10.	//	74. 75.	//	//	//	//	//	//
7	//	//	0. 75.	7. 38.	2. 00.	76. 50.	//	//	//	//	//	//
8	//	//	0. 74.	7. 40.	//	78. 00.	//	//	//	//	//	//
9	//	//	0. 73.	7. 50.	//	78. 88.	//	//	//	//	//	//
10	//	//	//	//	//	//	//	//	//	//	//	//
11	//	//	0. 75	7. 50.	//	80. 00.	//	//	//	//	//	//
12	//	//	0. 75.	7. 25.	//	79. 75.	//	//	//	//	//	//
13	0. 72.	//	0. 75.	7. 25.	//	79. 75	//	//	//	//	//	//
14	//	//	0. 74.	7. 50.	//	79. 50.	//	//	//	//	//	//
15	//	//	0. 72.	7. 60.	//	79. 50.	//	//	//	//	//	//
16	//	//	0. 70.	8. 38.	//	78. 50.	//	//	//	//	//	//
17	//	//	0. 70.	8. 00	//	76. 75.	//	//	//	//	//	//
18	//	//	0. 72.	8. 38.	//	79. 50.	//	//	//	//	//	//
19	//	//	0. 74.	8. 50.	2. 00.	79. 50.	//	//	//	//	//	//
20	//	//	//	//	//	//	//	//	//	//	//	//
21	//	//	0. 75.	8. 13.	2. 00.	79. 88.	//	//	//	//	//	//
22	//	//	0. 76.	8. 50.	//	81. 38.	//	//	//	//	//	//
23	//	//	0. 84.	8. 58.	//	80. 00.	//	//	//	//	//	//
24	//	//	0. 85	8. 50.	2. 25.	78. 75.	//	//	//	//	//	//
25	//	//	0. 82.	8. 50.	//	79. 00.	//	//	//	//	//	//
26	//	//	0. 82.	8. 65.	//	79. 88	//	//	//	//	//	//
27	//	//	0. 86.	8. 50.	2. 25	79. 75.	//	//	//	//	//	//
28	//	//	0. 90.	8. 50.	2. 25.	80. 25.	//	//	//	//	//	//
29	0. 90.	//	0. 95.	8. 65	2. 50.	80. 00.	//	//	//	//	//	//
30	//	//	//	//	//	//	//	//	//	//	//	//
1.er brumaire	//	//	0. 94.	9. 50.	3. 50.	79. 75.	//	//	//	//	//	//
2	//	//	0. 93.	9. 75	3. 75.	79. 75.	//	//	//	//	//	//
3	//	//	0. 92.	10. 00.	3. 88.	79. 38.	//	//	//	//	//	//
4	//	//	0. 96.	10. 75.	5. 00.	79. 50.	//	//	//	//	//	//
5	//	//	0. 94.	11. 88.	7. 00.	79. 25.	//	//	//	//	//	//
6	//	//	0. 91.	11. 38.	6. 00.	79. 75.	//	//	//	//	//	//
7	//	//	0. 90.	10. 75	4. 50.	80. 13.	//	//	//	//	//	//
8	//	//	0. 93.	11. 00.	4. 50.	82. 50.	//	//	//	//	//	//
9	0. 88.	//	0. 94.	11. 75.	//	81. 00.	//	//	//	//	//	//
10	//	//	//	//	//	//	//	//	//	//	//	//
11	//	//	0. 96.	11. 25.	5. 00.	81. 63.	//	//	//	//	//	//
12	//	//	0. 93.	11. 25.	4. 50.	82. 00.	//	//	//	//	//	//
13	//	//	0. 93.	11. 00.	4. 50.	83. 50.	//	//	//	//	//	//
14	//	//	0. 92.	10. 88.	//	85. 00.	//	//	//	//	//	//
15	//	//	0. 95.	11. 13.	3. 75.	85. 00.	//	//	//	//	//	//
16	//	//	0. 95.	11. 00.	3. 75.	85. 00.	//	//	//	//	//	//
17	//	//	0. 95.	11. 38.	3. 75	84. 50.	//	//	//	//	//	//
18	//	//	//	//	//	//	//	//	//	//	//	//

4..

DATE DU COURS.	DÉSIGNATION ET NATURE DES EFFETS PUBLICS ; LEUR VALEUR POUR CENT, ESPÈCES.											
	BONS 3/4.	BONS 1/4.	BONS 2/3.	TIERS consolidé.	RENTE provisoire.	BONS d'arrérage.	BONS an VIII.	BONS du syndicat.	RESCRIPTIONS de domaines.	BONS du syndicat en 300.	COUPURES.	DÉLÉGATIONS.
AN 8.												
19 brumaire.	//	//	0f 97c	14f 75c	7f 00c	84f 25c	//	//	//	//	//	//
20.........	//	//	//	//	//	//	//	//	//	//	//	//
21.........	//	//	1. 09.	16. 75.	7. 50.	84. 50.	//	//	//	//	//	//
22.........	//	//	1. 23.	18. 75.	8. 30.	85. 00.	//	//	//	//	//	//
23.........	//	//	1. 54.	21. 25.	13. 00.	85. 50.	//	//	//	//	//	//
24.........	1f 35c	//	1. 52.	22. 00.	14. 00.	85. 25.	//	//	//	//	//	//
25.........	1. 30.	//	1. 33.	19. 50.	10. 50.	85. 50.	//	//	//	//	//	//
26.........	1. 30.	//	1. 35.	20. 00.	12. 00.	85. 75.	//	//	//	//	//	//
27.........	//	//	1. 34.	20. 00.	12. 00.	86. 00	//	//	//	//	//	//
28.........	//	//	1. 35.	20. 50.	14. 00.	86. 80.	//	//	//	//	//	//
29.........	//	//	1. 46.	22. 50.	15. 00.	90 25.	//	//	//	//	//	//
30.........	//	//	//	//	//	//	//	//	//	//	//	//
1.er frimaire.	//	//	1. 40.	22. 00.	14. 50.	90. 50	//	//	//	//	//	//
2.........	1. 20.	//	1. 28.	20. 00.	12. 75.	90. 00.	//	//	//	//	//	//
3.........	//	//	1. 23.	19. 00.	11. 75.	89. 75.	//	//	//	//	//	//
4.........	//	//	1. 29.	20. 00.	13. 00.	90. 75.	//	//	//	//	//	//
5.........	//	//	1. 21.	19. 00.	12. 50.	90. 00.	//	//	//	//	//	//
6.........	//	//	1. 37.	19. 75.	13. 50.	89. 50.	//	//	//	//	//	//
7.........	//	//	1. 38.	20. 00.	13. 75.	89. 25.	//	//	//	//	//	//
8.........	//	12. 50.	1. 30.	19. 25.	13. 00.	87. 00.	//	//	//	//	//	//
9.........	//	12. 50.	1. 33.	19. 75.	15. 00.	87. 50.	//	//	//	//	//	//
10.........	//	//	//	//	//	//	//	//	//	//	//	//
11.........	1. 22.	12. 00.	1. 24.	19. 75.	13. 50.	87. 50	//	//	//	//	//	//
12.........	1. 20.	11. 25.	1. 26.	19. 75.	13. 50.	88. 25.	//	//	//	//	//	//
13.........	//	11. 25.	1. 23.	19. 25.	13. 00.	88. 50.	//	//	//	//	//	//
14.........	//	12. 00.	1. 24.	19. 40.	13. 25.	88. 25.	//	//	//	//	//	//
15.........	1. 18.	12. 00.	1. 26.	19. 88.	13. 13.	87. 75.	//	//	//	//	//	//
16.........	//	12. 00.	1. 27.	20. 25.	13. 25.	86. 00.	//	//	//	//	//	//
17.........	//	11. 75.	1. 25.	20. 38.	13. 13.	86. 25.	//	//	//	//	//	//
18.........	//	11. 75.	1. 22.	21. 00.	13. 38.	87. 00.	//	//	//	//	//	//
19.........	//	12. 00.	1. 25.	22. 00.	13. 00.	87. 75.	//	//	//	//	//	//
20.........	//	//	//	//	//	//	//	//	//	//	//	//
21.........	//	11. 75.	1. 24.	22. 00.	12. 88.	88. 00.	//	//	//	//	//	//
22.........	1. 15.	11. 75.	1. 17.	21. 25.	11. 75.	88. 00.	//	//	//	//	//	//
23.........	//	11. 50.	1. 23.	21. 25.	11. 75.	88. 25.	//	//	//	//	//	//
24.........	//	11. 25.	1. 20.	21. 50.	12. 00.	88. 25.	//	//	//	//	//	//
25.........	//	11. 50.	1. 15.	20. 75.	11. 50.	88. 50.	//	//	//	//	//	//
26.........	//	13. 00.	1. 12.	20. 50.	11. 25.	90. 00.	//	//	//	//	//	//
27.........	//	16. 50.	1. 01.	19. 00.	10. 25.	90. 00.	//	//	//	//	//	//
28.........	//	15. 00.	1. 05.	19. 00.	10. 75.	90. 00.	//	//	//	//	//	//
29.........	1. 02.	12. 00.	1. 07.	19. 75.	11. 13.	90. 00.	//	//	//	//	//	//
30.........	//	//	//	//	//	//	//	//	//	//	//	//
1.er nivôse.	//	12. 00.	1. 05.	19. 63.	12. 75.	91. 25.	75f 00c	//	//	//	//	//
2.........	//	//	1. 03.	19. 63.	12. 50.	93. 00.	69. 00.	//	//	//	//	//
3.........	//	//	1. 00.	19. 00.	11. 75.	93. 75.	62. 00.	//	//	//	//	//
4.........	//	11. 00.	0. 98.	19. 38.	12. 13.	92. 50.	63. 00.	//	//	//	//	//

DATE DU COURS.	DÉSIGNATION ET NATURE DES EFFETS PUBLICS; LEUR VALEUR POUR CENT, ESPÈCES.											
	BONS 3/4.	BONS 1/4.	BONS 2/3.	TIERS consolidé.	RENTE provisoire.	BONS d'arrérage.	BONS an VIII.	BONS du syndicat.	RESCRIPTIONS de domaines.	BONS du syndicat en 500.	COUPURES.	DÉLÉGATIONS.
AN 8.												
5 nivôse....	//	//	1f 01c	19f 25c	11f 75c	92f 75c	67f 00c	//	//	//	//	//
6.........	//	//	1. 00.	19. 75.	12. 00.	93. 00.	68. 13.	//	//	//	//	//
7.........	//	//	1. 00.	20. 00.	12. 00.	93. 00.	69. 75.	//	//	//	//	//
8.........	//	f10 50c	1. 00.	21. 00.	12. 50.	93. 00.	70. 13.	//	//	//	//	//
9.........	1f 0c	//	1. 02.	21. 13.	12. 38.	92. 00.	68. 50.	//	//	//	//	//
10.........	//	//	//	//	//	//	//	//	//	//	//	//
11.........	//	10. 75.	1. 02.	21. 25.	12. 50.	90. 25.	67. 75	//	//	//	//	//
12.........	//	//	1. 10.	20. 75.	12. 25.	90. 25.	66. 00.	//	//	//	//	//
13.........	//	//	1. 03.	20. 13.	12. 13.	91. 50.	65. 50.	//	//	//	//	//
14.........	//	11. 00.	1. 02.	20. 38.	12. 00.	92. 00.	67. 38.	//	//	//	//	//
15.........	//	//	1. 02.	20. 25.	12. 00.	92. 50.	66. 50.	//	//	//	//	//
16.........	//	//	1. 03.	19. 75.	11. 88.	93. 00.	66. 25.	//	//	//	//	//
17.........	//	//	1. 02.	19. 38.	11. 50	93. 00.	66. 25.	//	//	//	//	//
18.........	//	9. 50.	1. 01.	19. 13.	11. 00.	93. 00.	66. 63.	//	//	//	//	//
19.........	//	//	1. 02.	18. 75.	11. 25.	92. 00.	65. 75.	//	//	//	//	//
20.........	//	//	//	//	//	//	//	//	//	//	//	//
21.........	//	//	1. 00.	18. 63.	11. 25.	92. 00.	65. 38.	//	//	//	//	//
22.........	//	//	1. 02.	18. 75.	11. 00.	92. 63.	65. 38.	//	//	//	//	//
23.........	//	//	1. 03.	18. 50.	11. 00.	94. 00.	66. 00.	//	//	//	//	//
24.........	//	//	1. 02.	19. 00.	10. 75.	94. 00.	65. 50.	//	//	//	//	//
25.........	//	//	1. 04.	18. 88.	10. 88.	93. 75.	66. 25.	//	//	//	//	//
26.........	//	//	1. 04.	18. 75.	11. 00.	93. 75.	66. 00.	//	//	//	//	//
27.........	//	//	1. 03.	18. 75.	10. 88.	93. 75.	66. 13.	//	//	//	//	//
28.........	//	//	1. 03.	18. 63.	10. 75.	93. 50.	65. 88.	//	//	//	//	//
29.........	//	//	1. 02.	18. 75.	10. 63.	92. 75.	65. 75	//	//	//	//	//
30.........	//	//	//	//	//	//	//	//	//	//	//	//
1er pluviôse.	//	//	1. 03.	18. 88.	10. 75.	91. 00.	66. 00.	//	//	//	//	//
2.........	//	//	1. 05.	19. 50.	10. 75.	90. 25.	66. 38.	//	//	//	//	//
3.........	//	//	1. 05.	19. 50.	10. 88.	89. 50.	66. 38	//	//	//	//	//
4.........	//	9. 00.	1. 05.	19. 25.	//	89. 00.	66. 13.	//	//	//	//	//
5.........	//	//	1. 04.	18. 75.	10. 38.	87. 75.	65. 75.	//	//	//	//	//
6.........	//	//	1. 03.	18. 50.	//	87. 25.	65. 75.	//	//	//	//	//
7.........	//	//	1 04.	18. 75.	10. 50.	87. 25.	65. 75.	//	//	//	//	//
8.........	//	//	1. 04.	18. 63.	10. 50.	87. 00.	65. 75.	//	//	//	//	//
9.........	//	//	1. 03.	18. 38.	10. 00.	86. 50.	65. 75.	//	//	//	//	//
10.........	//	//	//	//	//	//	//	//	//	//	//	//
11.........	//	//	1. 04.	18. 30.	9. 50.	85. 25.	65. 00.	//	//	//	//	//
12.........	//	10. 00.	1. 04.	18. 38.	9. 50.	85. 75.	65. 25.	//	//	//	//	//
13.........	//	//	1. 05.	18. 50.	10. 00.	86. 38.	65. 75.	//	//	//	//	//
14.........	//	9. 00.	1. 07.	18. 75.	10. 50.	86. 50.	65. 75.	//	//	//	//	//
15.........	//	//	1. 11.	18. 50.	10. 50.	87. 50.	65. 50.	//	//	//	//	//
16.........	//	//	1. 11.	18. 38.	10. 00.	87. 50.	65. 50.	//	//	//	//	//
17.........	//	//	1. 12.	18. 25.	//	88. 25.	65. 63.	//	//	//	//	//
18.........	//	//	1. 10.	18. 25.	9. 75.	88. 50.	65. 30.	//	//	//	//	//
19.........	//	//	1. 06.	17. 50.	9. 50.	88. 38.	65. 00.	//	//	//	//	//
20.........	//	//	//	//	//	//	//	//	//	//	//	//

DATE DU COURS.	DÉSIGNATION ET NATURE DES EFFETS PUBLICS; LEUR VALEUR POUR CENT, ESPÈCES.											
	BONS 3/4.	BONS 1/4.	BONS 2/3.	TIERS consolidé.	RENTE provisoire.	BONS d'arrérage.	BONS an VIII.	BONS du syndicat.	RESCRIPTIONS de domaines.	BONS du syndicat en 500.	COUPURES.	DÉLÉGATIONS.
AN 8.												
21 pluviôse..	//	//	1f 07c	18f 50c	9f 50c	88f 00c	65f 63c	//	//	//	//	//
22.........	//	//	1.08.	18.63.	9.88.	87.38.	65.69.	//	//	//	//	//
23.........	//	//	1.07.	18.63.	9.88.	87.00.	65.60.	//	//	//	//	//
24.........	//	//	1.08.	19.00.	10.13.	87.40.	65.75.	//	//	//	//	//
25.........	//	//	1.11.	19.38.	10.50.	87.75.	65.88.	//	//	//	//	//
26.........	//	9f 00c	1.10.	19.75.	10.50.	87.25.	65.88.	//	//	//	//	//
27.........	//	//	1.07.	19.50.	10.88.	87.00.	65.75.	//	//	//	//	//
28.........	//	//	1.08.	20.00.	11.25.	87.00.	65.81.	//	//	//	//	//
29.........	//	//	1.08.	19.25.	10.75.	87.00.	65.81.	//	//	//	//	//
30.........	//	//	//	//	//	//	//	//	//	//	//	//
1.er ventôse..	//	//	1.08.	19.13.	10.38.	86.75.	66.25.	//	//	//	//	//
2.........	//	//	1.07.	19.00.	10.50.	87.00.	68.50.	//	//	//	//	//
3.........	1f 05c	//	1.08.	19.13.	//	88.00.	69.63.	//	//	//	//	//
4.........	//	//	1.08.	18.88.	10.50.	88.50.	70.38.	//	//	//	//	//
5.........	//	//	1.11.	19.63.	10.63.	88.75.	73.00.	//	//	//	//	//
6.........	//	//	1.13.	19.75.	10.50.	88.75.	73.50.	//	//	//	//	//
7.........	//	//	1.14.	19.75.	10.63.	88.75.	72.75.	//	//	//	//	//
8.........	//	//	1.15.	21.00.	11.63.	89.25.	74.38.	//	//	//	//	//
9.........	//	//	1.15.	20.38.	11.00.	89.00.	74.38.	//	//	//	//	//
10.........	//	//	//	//	//	//	//	//	//	//	//	//
11.........	//	//	1.15.	20.75.	11.00.	89.75.	75.63.	//	//	//	//	//
12.........	//	//	1.15.	20.75.	10.88.	89.50.	77.00.	//	//	//	//	//
13.........	//	//	1.17.	21.00.	11.25.	89.00.	79.00.	//	//	//	//	//
14.........	//	//	1.20.	20.75.	10.88.	89.00.	77.63.	//	//	//	//	//
15.........	//	//	1.20.	20.75.	10.75.	89.00.	77.25.	//	//	//	//	//
16.........	//	//	1.19.	20.38.	10.75.	89.25.	74.75.	//	//	//	//	//
17.........	//	//	1.19.	20.25.	11.00.	89.00.	75.00.	//	//	//	//	//
18.........	//	//	1.18.	19.88.	11.00.	90.00.	75.00.	//	//	//	//	//
19.........	//	//	1.19.	20.38.	11.25.	90.00.	76.38.	//	//	//	//	//
20.........	//	//	//	//	//	//	//	//	//	//	//	//
21.........	//	//	1.20.	20.88.	12.00.	89.50	77.38.	//	//	//	//	//
22.........	//	//	1.24.	21.25.	13.00.	89.50.	77.25.	//	//	//	//	//
23.........	//	//	1.24.	21.50.	13.50.	89.50.	77.00.	//	//	//	//	//
24.........	//	//	1.28.	22.13.	13.50	89.50.	77.75.	//	//	//	//	//
25.........	//	//	1.35.	22.00.	13.25.	89.25.	77.25.	//	//	//	//	//
26.........	//	//	1.40.	21.75.	13.25.	89.50.	77.25.	70f 00c	//	//	//	//
27.........	//	//	1.30.	21.25.	12.50.	89.75.	77.88.	70.25.	//	//	//	//
28.........	//	//	1.27.	21.50.	12.50.	90.00.	78.00.	69.50.	//	//	//	//
29.........	//	//	1.27.	21.88.	12.88.	89.75.	78.75.	69.00.	//	//	//	//
30.........	//	//	//	//	//	//	//	//	//	//	//	//
1.er germinal	//	//	1.29.	22.25.	13.13.	89.75.	80.00.	70.00.	//	//	//	//
2.........	//	//	1.29.	21.75.	12.50.	89.75.	79.63.	69.50.	//	//	//	//
3.........	//	//	1.27.	21.75.	12.50.	90.00.	79.25.	69.00.	//	//	//	//
4.........	//	//	1.28.	22.38.	12.63.	90.25.	79.38.	69.50.	//	//	//	//
5.........	//	//	1.32.	22.88.	13.13.	90.25.	79.38.	69.50.	//	//	//	//
6.........	//	//	1.31.	22.50.	12.75.	90.25.	78.63.	69.00.	//	//	//	//

DATE DU COURS.	DÉSIGNATION ET NATURE DES EFFETS PUBLICS ; LEUR VALEUR POUR CENT, ESPÈCES.											
	BONS 3/4.	BONS 1/4.	BONS 2/3.	TIERS consolidé.	RENTE provisoire.	BONS d'arrérage.	BONS an VIII.	BONS du syndicat.	RESCRIPTIONS de domaines.	BONS du syndicat en sou.	COUPURES.	DÉLÉGATIONS.
AN 8.												
7 germinal..	//	//	1ᶠ 30ᶜ	23ᶠ 13ᶜ	12ᶠ 88ᶜ	90ᶠ 00ᶜ	78ᶠ 50ᶜ	66ᶠ 50ᶜ	//	//	//	//
8..........	//	//	1. 30.	24. 00.	13. 19.	89. 75.	78. 75.	65. 50.	//	//	//	//
9..........	//	//	1. 30.	24. 00.	13. 63.	89. 50	78. 50.	67. 00.	//	//	//	//
10..........	//	//	//	//	//	//	//	//	//	//	//	//
11..........	//	//	1. 30.	23. 75.	13. 13.	90. 00.	78. 75.	70. 00.	//	//	//	//
12..........	//	//	1. 30.	23. 13.	12. 25.	90. 00.	79. 00.	70. 00.	//	//	//	//
13..........	//	//	1. 30.	22. 50.	12. 13.	90. 00.	79. 25.	69. 50.	//	//	//	//
14..........	//	//	1. 29.	22. 63.	12. 25.	90. 00.	79. 25.	69. 50.	//	//	//	//
15..........	//	//	1. 29.	22. 25.	11. 88.	90. 00.	79. 00.	69. 50.	//	//	//	//
16..........	//	//	1. 28.	22. 00.	12. 00.	90. 00.	79. 38.	70. 50.	//	//	//	//
17..........	//	//	1. 29.	22. 00.	12. 13.	90. 25.	80. 0 .	70. 50.	//	//	//	//
18..........	//	//	1. 29.	22. 25.	12. 00.	90. 25.	80. 25.	69. 50.	//	//	//	//
19..........	//	//	1. 29.	21. 13.	11. 75.	90. 50.	81. 50.	72. 00.	//	//	//	//
20..........	//	//	//	//	//	//	//	//	//	//	//	//
21..........	//	//	1. 29.	20. 50.	11. 38.	91. 50.	83. 63.	73. 00.	//	//	72ᶠ 00ᶜ	//
22..........	//	//	1. 29.	20. 00.	10. 88.	92. 00.	85. 25.	71. 75	//	//	72. 50.	//
23..........	//	//	1. 29.	19. 75.	11. 38.	92. 00.	85. 38.	74. 00.	//	//	72. 50.	//
24..........	//	//	//	//	//	//	//	//	//	//	//	//
25..........	//	//	1. 26.	19. 38.	11. 13.	94. 25.	84. 75.	73. 00.	//	//	71. 00.	//
26..........	//	//	1. 26.	18. 88.	10. 63.	94. 50.	84. 50.	73. 50.	//	//	71. 00.	//
27..........	//	//	1. 26.	18. 25.	10. 38.	94. 00	82. 00.	73. 50.	//	//	70. 00.	//
28..........	//	//	1. 24.	17. 88.	10. 25.	92. 50.	82. 13.	73. 00.	//	//	69. 50.	//
29..........	//	//	1. 23.	17. 88.	10. 00.	93. 00.	83. 75.	73. 00.	//	//	69. 50.	//
30..........	//	//	//	//	//	//	//	//	//	//	//	//
1.ᵉ floréal..	//	//	1. 26.	18. 88.	10. 75.	93. 00.	85. 00.	72. 00.	//	//	70. 00.	//
2..........	//	//	1. 28.	19. 75.	11. 25.	93. 00.	84. 63.	72. 00.	//	//	71. 00.	//
3..........	//	//	1. 28.	19. 88.	11. 13.	93. 00.	84. 75.	72. 00.	//	//	69. 50.	//
4..........	//	//	//	19. 38.	10. 38.	92. 75.	85. 00.	69. 50.	//	//	69. 75.	//
5..........	//	//	1. 26.	19. 50.	10. 63.	92. 50.	84. 88.	70. 50.	//	//	69. 00.	//
6..........	//	//	1. 26.	19. 75.	10. 50.	92. 50.	85. 38.	71. 00.	//	//	69. 50.	//
7..........	//	//	//	//	//	//	//	//	//	//	//	//
8..........	//	//	1. 28.	20. 00.	10. 88.	91. 50.	86. 13.	71. 00.	//	//	69. 25.	//
9..........	//	//	1. 27.	19. 88.	10. 88.	91. 00.	86. 50.	70. 00.	//	//	69. 50.	//
10..........	//	//	//	//	//	//	//	//	//	//	//	//
11..........	//	//	1. 28.	20. 50.	11. 38.	90. 50.	88. 25.	71. 00.	//	//	70. 00.	//
12..........	//	//	1. 28.	20. 50.	11. 00.	90. 00.	88. 63.	70. 50.	//	//	69. 75.	//
13..........	//	//	1. 28.	20. 25.	10. 75.	90. 25.	88. 00.	70. 00.	//	//	69. 75.	//
14..........	//	//	//	//	//	//	//	//	//	//	//	//
15..........	//	//	1. 29.	20. 25.	10. 50.	88. 75.	87. 63.	68. 25.	//	//	69. 25.	//
16..........	//	//	1. 28.	20. 75.	10. 88.	88. 50.	87. 00.	70. 00.	//	//	69. 00.	//
17..........	//	//	1. 29.	20. 63.	10. 75.	88. 00.	87. 13.	//	//	//	68. 50.	//
18..........	//	//	1. 28	21. 63.	11. 38.	87. 00.	87. 00.	70. 00.	//	//	68. 00.	//
19..........	//	//	1. 28.	22. 50.	12. 00.	86. 50.	86. 63.	69. 00.	//	//	67. 75.	//
20..........	//	//	//	//	//	//	//	//	//	//	//	//
21..........	//	//	1. 29.	23. 00.	12. 00.	86. 50.	87. 25.	69. 50.	//	//	67. 50.	//
22..........	//	//	1. 29.	22. 50.	11. 88.	86. 50	87. 00.	69. 50.	//	//	68. 00.	//

DATE DU COURS.	DÉSIGNATION ET NATURE DES EFFETS PUBLICS; LEUR VALEUR POUR CENT, ESPÈCES.											
	BONS 3/4.	BONS 1/4.	BONS 2/3.	TIERS consolidé.	RENTE provisoire.	BONS d'arrérage.	BONS an VIII.	BONS du syndicat.	RESCRIPTIONS de domaines.	BONS du syndicat en 500.	COUPURES.	DÉLÉGATIONS.
An 8.												
23 floréal...	//	//	1f 30c	22f 88c	11f 88c	86f 75c	87f 00c	69f 50c	//	//	67f 75c	//
24.........	//	//	1. 28.	23. 63.	12. 38.	86. 50.	87. 00.	70. 00.	//	//	67. 75	//
25.........	//	//	1. 29.	24. 50.	12. 75.	85. 00.	86. 25	69. 50.	//	//	68. 50.	//
26.........	//	//	1. 30.	25. 00.	12. 75.	85. 75.	85. 63.	69. 50.	//	»	67. 50.	//
27.........	//	//	1. 29.	24. 00.	12. 75.	85. 38.	85. 38.	69. 50.	//	//	67. 50.	//
28.........	//	//	1. 29.	24. 25.	12. 75.	85. 25.	85. 50.	70. 00.	//	//	66. 50.	//
29.........	//	//	1. 29.	24. 13.	12. 88.	85. 25.	86. 25.	70. 00.	//	//	66. 50.	//
30.........	//	//	//	//	//	//	//	//	//	//	//	//
1.er prairial.	//	//	1. 30.	23. 75.	12. 75.	85. 38.	85. 75.	70. 00.	//	//	66. 50.	//
2.........	//	//	1. 30.	23. 75.	12. 63.	85. 25.	85. 75.	66. 00.	//	//	64. 50.	//
3.........	//	//	1. 30.	24. 25	13. 25.	85. 00.	86. 38.	69. 00.	//	//	65. 00.	//
4.........	//	//	1. 29.	25. 25.	13. 75.	84. 00.	85. 50.	68. 50.	//	//	63. 00.	//
5.........	//	//	1. 31.	26. 00.	14. 50.	81. 00.	86. 75.	70. 00.	//	//	63. 75.	//
6.........	//	//	1. 31.	26. 75.	15. 38.	81. 00.	87. 00.	61. 75.	//	//	63. 50.	//
7.........	//	//	1. 32.	26. 00.	15. 25.	81. 00.	87. 00.	70. 00.	//	//	63. 00.	//
8.........	//	//	1. 31.	25. 75.	15. 00.	80. 50.	87. 00.	69. 00.	//	//	63. 00.	//
9.........	//	//	1. 32.	27. 50.	16. 38.	80. 50.	87. 00.	68. 00.	//	//	62. 00.	//
10.........	//	//	//	//	//	//	//	//	//	//	//	//
11.........	//	//	1. 32.	27. 25.	16. 63.	80. 25.	87. 50.	62. 00.	//	67f 00c	62. 50.	//
12.........	//	//	1. 35.	28. 75.	18. 88.	80. 25.	88. 00.	61. 75.	//	67. 00.	62. 50.	//
13.........	//	//	1. 36.	28. 88.	19. 63.	80. 25.	88. 25.	62. 00.	//	66. 50.	62. 00.	//
14.........	//	//	1. 43.	29. 75.	19. 58.	80. 25.	90. 25.	61. 50.	//	//	//	//
15.........	//	//	1. 60.	30. 75.	20. 75.	80. 75.	90. 90.	62. 00.	//	67. 00.	62. 25.	//
16.........	//	//	1. 63.	31. 75.	20. 75.	80. 50.	88. 00	//	//	//	62. 25.	//
17.........	//	//	1. 66.	33. 25.	21. 63.	80. 50.	87. 50.	62. 00.	//	//	62. 25.	//
18.........	//	//	1. 66.	32. 75.	20. 50.	81. 00.	86. 50.	61. 75	//	64. 50.	61. 50.	//
19.........	//	//	1. 63.	31. 25.	19. 25.	82. 50.	86. 38.	61. 50.	//	65. 00.	61. 50.	//
20.........	//	//	//	//	//	//	//	//	//	//	//	//
21.........	//	//	1. 63.	32. 00.	20. 38.	86. 00.	87. 50.	64. 25.	//	66. 50.	64. 00.	//
22.........	//	//	1. 64.	30. 50.	19. 88.	85. 50.	87. 50.	64. 00.	//	66. 50.	64. 50.	//
23.........	//	//	1. 61.	30. 38.	20. 00.	84. 75.	87. 25.	64. 00.	//	66. 00.	63. 25.	//
24.........	//	//	1. 60.	30. 50.	19. 50.	85. 00.	87. 50.	64. 00.	//	//	64. 00.	//
25.........	//	//	1. 52.	28. 50.	18. 00.	84. 25.	87. 50.	64. 00.	//	//	64. 00.	//
26.........	//	//	1. 50.	27. 75.	17. 38.	84. 50.	87. 75.	67. 00.	//	67. 00.	//	//
27.........	//	//	1. 50	29. 25.	19. 50.	85. 50.	87. 25.	69. 00.	//	68. 00.	69. 00.	//
28.........	//	//	1. 50.	30. 25.	20. 00.	86. 50.	85. 50.	69. 00.	//	69. 00.	70. 00.	//
29.........	//	//	1. 50.	30. 25.	19. 50.	86. 50.	81. 00.	69. 00.	//	//	69. 00.	//
30.........	//	//	//	//	//	//	//	//	//	//	//	//
1.er messidor	//	//	1. 50.	30. 00.	19. 75.	86. 88.	78. 00.	70. 00.	//	70. 50.	70. 00.	//
2.........	//	//	1. 65.	34. 50.	22. 88.	87. 88.	79. 00.	69. 00.	//	71. 00.	69. 50.	//
3.........	//	//	1. 62.	38. 50.	22. 00.	87. 75.	79. 50.	69. 50.	//	//	69. 50.	//
4.........	//	//	1. 62.	33. 88.	22. 75.	88. 00.	79. 50.	70. 00.	//	70. 00.	69. 25.	//
5.........	//	//	1. 62.	34. 25.	23. 25.	88. 00.	79. 38.	69. 00.	//	70. 00.	70. 00.	//
6.........	//	//	1. 58.	33. 50.	22. 25.	88. 00.	78. 75.	69. 00.	//	70. 00.	69. 50.	//
7.........	//	//	1. 60.	33. 25.	22. 50.	87. 00.	79. 50.	69. 00.	//	70. 00.	69. 50.	//
8.........	//	//	1. 58	32. 50.	22. 25.	87. 00.	80. 00.	69. 00	//	69. 75.	68. 75.	//
9.........	//	//	1. 60.	32. 38.	22. 38.	86. 50.	80. 00.	68. 50.	//	69. 75.	69. 00.	

DATE DU COURS.	DÉSIGNATION ET NATURE DES EFFETS PUBLICS; LEUR VALEUR POUR CENT, ESPÈCES.											
	BONS 3/4.	BONS 1/4.	BONS 2/3.	TIERS consolidé	RENTE pro-visoire.	BONS d'arré-rages.	BONS an VIII.	BONS du syndicat.	RESCRIP-TIONS de domaines.	BONS du syndicat en 500.	CO-PURES.	DÉLÉ-GATIONS.
AN 8.												
10 messidor..	//	//	//	//	//	//	//	//	//	//	//	//
11........	//	//	1f 60c	33f 88c	23f 38c	87f 00c	80f 13c	69f 00c	//	70f 00c	69f 00c	//
12........	//	//	1. 60.	34. 00.	24. 00	87. 25.	82. 00.	68. 50.	//	//	68. 25.	//
13........	//	//	1. 60.	34. 00.	24. 25.	88. 25.	83. 75.	68. 50.	//	70. 50.	68. 25.	//
14........	//	//	1. 57.	31. 00.	22. 75.	88. 25.	82. 50.	68. 00	//	//	8. 25.	//
15........	//	//	1. 60	32. 88.	21. 00.	87. 75.	81. 00.	67. 75.	//	70. 00.	68. 00	//
16........	//	//	1. 55.	32. 75.	22. 81	87. 50.	83. 00.	67. 50.	//	70. 00.	67. 00.	//
17........	//	//	1. 53.	32. 00.	22. 25.	87. 50.	83. 00.	//	//	70. 00.	66. 75.	//
18........	//	//	1. 52.	31. 25.	21. 00.	87. 75.	82. 75.	67. 00.	//	//	67. 00.	//
19........	//	//	1. 47.	31. 25.	21. 13.	87. 75.	82. 88	68. 00.	//	68. 00.	67. 75.	//
20........	//	//	//	//	//	//	//	//	//	//	//	//
21........	//	//	1. 55.	30. 83.	20. 75	87. 75.	82. 88.	67. 75.	//	70. 00.	67. 75.	//
22........	//	//	1. 49.	30. 88.	20. 63.	88. 00	83. 13.	67. 50.	//	71. 00.	67. 50.	//
23........	//	//	1. 50.	31. 38.	21. 00.	88. 25.	84. 00.	//	//	//	67. 5.	//
24........	//	//	1. 50.	31. 75.	21. 38.	8. 25.	84. 00.	67. 50	//	//	67. 50.	//
25........	//	//	//	//	//	8.	//	//	//	//	//	//
26........	//	//	1. 45.	30. 00.	19. 88.	83. 50.	85. 50.	//	//	//	67. 50	//
27........	//	//	1. 45	29. 88.	20. 00.	88. 50.	85. 75.	67. 25.	//	69. 50.	67. 50.	//
28........	//	//	1. 45.	31. 00.	20. 75.	88. 50.	84. 25.	66. 75.	//	//	67. 50.	//
29........	//	//	1. 45;	31. 00.	20. 75.	88. 50	84. 00.	//	//	//	67. 50.	//
30........	//	//	//	//	//	//	//	//	//	//	//	//
1.er thermid.	//	//	1. 50.	33. 13.	22. 8.	88. 50	85. 00.	66. 75	//	//	67. 25.	//
2........	//	//	1. 50	34. 00.	23. 00.	85. 50.	85. 38.	//	//	//	67. 00.	//
3........	//	//	1. 58.	35. 25.	24. 25.	88. 00.	85. 50.	67. 25.	//	//	68. 00.	//
4........	//	//	1. 55.	34. 50.	23. 25.	88. 25.	85. 50.	67. 25.	//	//	67. 25.	//
5........	//	//	1. 55.	34. 8.	23. 38.	88. 00.	85. 50.	//	//	//	67. 50.	//
6........	//	//	1. 50.	34. 25.	23. 00.	87. 75.	85. 50.	//	//	//	67. 50.	//
7........	//	//	1. 50.	33. 75.	22. 38.	86. 50	85. 6.	67. 00.	//	//	67. 50.	//
8........	//	//	//	//	//	//	//	//	//	//	//	//
9........	//	//	1. 50.	33. 75.	22. 38.	87. 25.	86. 00.	67. 75.	//	//	67. 00.	//
10........	//	//	//	//	//	//	//	//	//	//	//	//
11........	//	//	1. 54.	35. 50.	23. 75.	87. 50.	8. 00.	67. 00.	//	//	67. 25.	//
12........	//	//	1. 53	35. 38.	23. 75.	87. 25.	85. 88.	67. 25.	//	71. 00.	67. 25.	//
13........	//	//	//	//	//	//	//	//	//	//	//	//
14........	//	//	1. 52.	34. 63.	22. 63.	85. 00.	85. 25.	67. 00.	//	71. 00.	67. 00.	//
15........	//	//	1. 52.	34. 50.	21. 75.	85. 50.	85. 38	67. 00.	//	//	67. 50.	//
16........	//	//	1. 55.	35. 00.	21. 00.	85. 7.	85. 88.	66. 75.	//	70. 50.	67. 00.	//
17........	//	//	1. 59.	35. 50.	23. 50.	85. 25.	85. 75.	66. 00.	//	//	//	//
18........	//	//	1. 60.	36. 00.	23. 75.	85. 00	85. 50.	65. 50.	//	//	65. 25.	//
19........	//	//	1. 61.	36. 50.	23. 63.	84. 00.	85. 30.	65. 50.	//	//	65. 00.	//
20........	//	//	//	//	//	//	//	//	//	//	//	//
21........	//	//	1. 60.	36. 00.	22. 75.	84. 13	85. 13.	65. 13.	//	//	66. 00.	//
22........	//	//	1. 60.	36. 63.	23. 38.	84. 01.	85. 25.	65. 00.	//	70. 00.	66. 25.	//
23........	//	//	1. 60.	37. 00.	23. 75.	84. 25.	85. 00.	65. 00.	//	//	65. 50.	//
24........	//	//	1. 50.	37. 38.	23. 50.	84. 25.	85. 25.	65. 00.	//	69. 00.	65. 25.	//
25........	//	//	1. 60.	37. 75.	23. 3.	84. 00.	85. 88.	65. 00.	//	//	65. 00.	//
26........	//	//	1. 60.	37. 00	23. 00.	82. 75.	86. 25.	//	//	//	65. 00.	//

5

DATE DU COURS.	BONS 3/4.	BONS 1/4.	BONS 2/3.	TIERS consolidé.	RENTE provisoire.	BONS d'arrérages.	BONS an VIII.	BONS du syndicat.	RESCRIPTIONS de domaines.	BONS du syndicat en 500.	COUPURES.	DÉLÉGATIONS.
AN 8.												
27 thermidor.	//	//	1^f 62^c	37^f 13^c	23^f 38^c	82^f 75^c	87^f 00^c	64^f 75^c	//	69^f 50^c	65^f 00^c	//
28........	//	//	1. 62.	37. 13.	23. 75.	83. 25.	87. 75	64. 50.	//	69. 00.	65. 00.	//
29........	//	//	1. 61.	37. 13.	23. 38.	83. 25.	87. 00.	64. 50.	//	69. 00.	65. 00.	//
30........	//	//	//	//	//	//	//	//	//	//	//	//
1.er fructidor	//	//	1. 60	36. 75.	22. 50.	83. 25.	87. 00.	//	//	69. 50.	65. 00.	//
2........	//	//	1. 57.	35. 50.	21. 75.	85. 50.	86. 38.	64. 50.	//	//	//	//
3........	//	//	1. 56.	33. 00.	19. 75.	83. 00	85. 50.	64. 00.	//	69. 50.	64. 75	//
4........	//	//	1. 57.	33. 00.	19. 75	82. 50.	85. 63.	//	//	69. 50.	64. 50.	//
5........	//	//	1. 50.	33. 63.	20. 00.	82. 25.	86. 00.	//	//	//	64. 75.	//
6........	//	//	1. 58.	33. 00.	19. 50.	81. 00.	85. 50.	//	//	69. 50.	64. 50.	//
7........	//	//	1. 57.	31. 75.	18. 00.	82. 00.	85. 50.	//	//	//	65. 00.	//
8........	1 //	//	1. 59.	32. 13.	18. 38.	82. 00.	85. 50.	64. 00.	//	//	//	//
9........	//	1	//	1. 58.	31. 25.	17. 50.	84. 00.	86. 00.	64. 00.	//	69. 00.	64. 25	//
10........	//	//	//	//	//	//	//	//	//	//	//	//
11........	//	//	1. 60.	32. 00.	17. 63.	84. 25.	86. 88.	64. 00.	//	68. 00.	64. 25.	//
12........	//	//	1. 60.	32. 38.	18. 13	84. 00.	86. 75.	//	//	//	64. 00.	//
13........	//	//	1. 60.	32. 88.	18. 38.	84. 00.	86. 75.	64. 00.	//	//	64. 00.	//
14........	//	//	1. 60	32. 63.	17. 50.	83. 50.	86. 75.	63. 75.	//	65. 75.	63. 50.	//
15........	//	//	1. 59.	31. 75.	17. 00.	83. 00.	86. 63.	64. 00.	//	//	//	//
16........	//	//	1. 60.	32. 25	17. 38.	82. 75	84. 80.	//	//	65. 00.	64. 00	//
17........	//	//	1. 59.	31. 75.	17. 00.	83. 50.	86. 88	64. 00.	//	65. 50.	64. 00.	//
18........	//	//	1. 60.	32. 00.	17. 00.	83. 75.	86. 88.	63. 75.	//	65. 00.	64. 00.	//
19........	//	//	1. 59	32. 25.	17. 13.	83. 75.	87. 13.	//	//	64. 75	64. 00.	//
20........	//	//	//	//	//	//	//	//	//	//	//	//
21........	//	//	1. 59.	32. 50.	17. 38.	84. 00.	88. 00.	64. 00.	//	65. 50	64. 00.	//
22........	//	//	1. 59.	33. 25.	17. 75.	84. 13.	88. 50.	//	//	64. 50.	64. 00.	//
23........	//	//	1. 60.	34. 25.	19. 38.	84. 00.	88. 50.	//	//	65. 50.	64. 00.	0
24........	//	//	1. 59.	33. 88.	18. 25.	84. 00.	88. 25.	//	//	65. 50.	64. 00.	//
25........	//	//	1. 58.	32. 63.	17. 38.	82. 75.	87. 75	64. 00.	//	//	64. 00.	//
26........	//	//	1. 58.	32. 90.	17. 00.	83. 00.	88. 13.	63. 50.	//	65. 50.	64. 00.	//
27........	//	//	1. 59.	32. 38.	17. 25.	83. 00.	88. 63.	64. 00.	//	65. 50.	64. 00.	//
28........	//	//	1. 58.	32. 25.	17. 25.	84. 25.	89. 20.	64. 00	//	65. 75.	63. 75.	//
29........	//	//	1. 58.	32. 38.	17. 25.	83. 25	89. 40.	63. 75.	//	//	64. 00.	//
30........	//	//	//	//	//	//	//	//	//	//	//	//
1.er j. comp.	//	//	1. 59.	33. 25.	18. 25.	85. 00.	89. 88.	63. 75.	//	//	63. 75.	//
2.e........	//	//	1. 58.	33. 88.	18. 88.	85. 00.	89. 88.	63. 00.	//	68. 00.	64. 00.	//
3.e........	//	//	1. 58.	33. 88.	18. 75	84. 00.	89. 93.	//	//	//	64. 00.	//
4.e........	//	//	1. 57.	33. 13.	18. 25.	84. 50.	89. 85.	//	//	//	//	//
AN 9.												
1.er vendém.	//	//	//	//	//	//	//	//	//	//	//	//
2........	//	//	1. 62.	36. 50.	22. 50.	84. 00.	90. 38.	68. 00.	//	70. 00.	68. 00.	//
3........	//	//	1. 61.	35. 63.	22. 25	84. 00.	90. 13.	67. 50.	//	//	68. 00.	//
4........	//	//	1. 62.	35. 25.	21. 50.	83. 75	90. 10.	68. 00.	//	68. 00.	68. 00.	//
5........	//	//	1. 60.	35. 00.	21. 50.	84. 00.	90. 30.	68. 00.	//	71. 50.	68. 00.	//
6........	//	//	1. 61.	35. 38.	21. 88.	84. 50.	90. 88.	//	//	//	68. 00.	//
7........	//	//	1. 61.	35. 13.	22. 00	84. 50	91. 50.	68. 50.	//	//	68. 00.	//
8........	//	//	1 61.	34. 95.	21. 88.	84. 50.	91. 25.	//	//	72. 50.	69. 50.	//

DATE DU COURS.	BONS 3/4.	BONS 1/4.	BONS 2/3.	TIERS consolidé.	RENTE provisoire.	BONS d'a rérages.	BONS an VIII.	BONS du syndicat.	RESCRIPTIONS de domaines.	BONS du syndicat et 5co.	COUPURES.	DÉLÉGATIONS.
AN 9.												
9 vendém. .	"	"	1f 61c	35f 25c	22f 25c	84f 50c	91f 38c	70f 50c	"	"	70f 50c	"
10.......	"	"	"	"	"	"	"	"	"	"	"	"
11.......	"	"	1. 63.	35. 75.	22. 75.	85. 63.	92. 00.	73. 75.	"	"	74. 00.	"
12.......	"	"	1. 68	35. 75.	22. 88.	87. 75.	93. 00.	77. 50.	"	"	76. 78	"
13. 6.....	"	"	1. 86	36. 63.	23. 88.	88. 00.	92. 75.	78. 00.	"	79f 00c	78. 00.	"
14........	"	"	1. 80.	36. 63.	23. 25.	86. 50.	91. 75.	77. 50.	"	"	"	"
15........	"	"	1. 80	36. 75.	23. 38.	87. 00.	92. 63.	78. 50.	"	78. 00.	78. 50.	"
16........	"	"	1. 75.	36. 75.	25. 50.	87. 25.	92. 50.	80. 50.	"	"	80. 00.	"
17........	"	"	1. 72.	36. 75.	23. 50.	86. 50.	92. 50.	81. 50.	"	"	81. 50.	"
18........	"	"	1. 72.	37. 25.	23. 63.	87. 25.	92. 25.	82. 00.	"	83. 00.	82. 50.	"
19........	"	"	1. 72.	36. 50.	22. 88.	87. 00.	91. 88.	"	"	"	82. 00.	"
20........	"	"	"	"	"	"	"	"	"	"	"	"
21........	"	"	1. 73.	36. 75.	23. 13.	86. 88.	92. 13.	82. 50.	"	83. 00.	82. 00.	"
22........	"	"	1. 71.	36. 63.	22. 88.	86. 88.	91. 75.	81. 00.	"	"	81. 50.	"
23........	"	"	1. 71.	36. 13.	21. 63.	86. 50.	91. 38.	81. 00.	"	82. 50.	"	"
24........	"	"	1. 70.	36. 30.	22. 88.	86. 50.	90. 50.	80. 00.	"	81. 50.	80. 00.	"
25........	"	"	1. 71.	36. 20.	23. 00.	86. 50.	91. 13.	81. 00.	"	82. 00.	80. 00.	"
26........	"	"	1. 71.	35. 88.	22. 88.	86. 50.	91. 50.	78. 50.	"	"	80. 00.	"
27........	"	"	1. 70.	36. 25.	23. 13.	86. 50.	91. 75.	78. 00.	"	"	78. 00.	"
28........	"	"	"	"	"	"	"	"	"	"	"	"
29........	"	"	1. 69.	36. 38.	23. 25.	86. 50.	91. 75.	78. 00.	"	79. 00.	78. 00.	"
30........	"	"	"	"	"	"	"	"	"	"	"	"
1.er brumaire	"	"	1. 70.	36. 50.	23. 13.	86. 50.	92. 00.	"	"	80. 00.	79. 00.	"
2........	"	"	1. 69.	36. 50.	23. 15.	86. 50.	92. 00.	79. 50.	"	"	79. 50.	"
3........	"	"	1. 88.	36. 50.	23. 50.	87. 50.	92. 50.	80. 00.	"	81. 00.	80. 00.	"
4........	"	"	1. 69.	36. 50.	23. 20.	87. 25.	92. 25.	80. 00.	"	"	80. 00.	"
5........	"	"	1. 69.	36. 50.	23. 25.	87. 25.	92. 50.	"	"	81. 00.	80. 00.	"
6........	"	"	1. 69.	36. 88.	23. 40.	87. 25.	91. 40.	"	"	80. 50.	80. 00.	"
7........	"	"	1. 69	36. 75.	23. 38.	87. 25.	92. 50.	"	"	"	80. 00.	"
8........	"	"	1. 69.	36. 63.	23. 30.	87. 00.	92. 50.	80. 00.	"	"	80. 00.	"
9........	"	"	1. 69.	36. 40.	23. 13.	87. 00.	92. 63.	80. 00.	"	"	80. 00.	"
10........	"	"	"	"	"	"	"	"	"	"	"	"
11........	"	"	1. 69.	36. 13.	23. 13.	87. 00.	93. 00.	80. 00.	"	80. 50.	80. 25.	"
12........	"	"	1. 69.	35. 15.	23. 13.	87. 00.	93. 00.	80. 25.	"	80. 75.	"	"
13........	"	"	1. 68.	35. 13.	24. 50.	87. 00.	93. 00	80. 50.	"	"	80. 00.	"
14........	"	"	1. 68	36. 00.	26. 00	87. 00.	93. 00.	"	"	81. 00.	80. 81.	"
15........	"	"	1. 68.	35. 75.	25. 75.	86. 63	93. 00.	82. 00	"	"	"	"
16........	"	"	1. 68.	35. 00.	25. 00.	85. 00	92. 88.	"	"	"	81. 00.	"
17........	"	"	1. 68.	34. 63.	24. 38.	85. 50.	92. 88.	83. 00.	"	83. 00.	83. 00.	"
18........	"	"	1. 68.	34. 13.	23. 63.	85. 50.	92. 90.	83. 00.	"	"	82. 25.	"
19........	"	"	1. 68.	34. 50.	23. 75.	85. 50.	92. 50.	83. 50.	"	"	83. 50.	"
20........	"	"	"	"	"	"	"	"	"	"	"	"
21........	"	"	1. 67.	34. 63.	23. 63.	85. 50.	93. 00.	84. 00.	"	"	84. 00.	"
22........	"	"	1. 66.	34. 88.	22. 75.	85. 38.	93. 00.	84. 50.	"	"	"	"
23........	"	"	1. 64.	34. 05.	23. 50.	85. 20.	93. 00.	85. 00.	"	"	84. 50.	"
24........	"	"	1. 64.	34. 15.	23. 63.	85. 13.	93. 30.	84. 50.	"	"	84. 50.	"
25........	"	"	1. 59.	32. 88.	23. 25	85. 25.	93. 50.	"	"	"	84. 50.	"
26........	"	"	1. 59.	33. 75.	23. 25.	85. 00.	93. 63.	"	"	"	84. 00.	"

5..

DATE DU COURS.	DÉSIGNATION ET NATURE DES EFFETS PUBLICS; LEUR VALEUR POUR CENT, ESPÈCES.											
	BONS 1/4.	BONS 1/4.	BONS 2/3.	TIERS consolidé.	RENTE provisoire.	BONS d'arrérages.	BONS an VIII.	BONS du syndicat.	RESCRIPTIONS d domaines.	BONS du syndicat en ,oo.	COUPURES.	DÉLÉGATIONS.
AN 9.												
27 brumaire.	"	"	1f 50c	33f 50	23f 75c	84f 8(c	93f 75c	"	"	"	84f 00	"
28.........	"	"	1. 51.	33. 30.	24. 00.	85. 58.	94. 00.	84. 50c	"	"	84. 00.	"
29.........	"	"	1. 52.	33. 20.	23. 50.	85. 50.	95. 95.	"	"	"	84. 00.	"
30.........	"	"	"	"	"	"	"	"	"	"	"	"
1.er frimaire.	"	"	"	"	"	"	"	"	"	"	"	"
2.........	"	"	1. 50.	31. 75.	21. 25.	86. 25.	94. 25	"	"	84f 00c	84. 0.	"
3.........	"	"	1. 55.	32. 8.	22. 38.	86. 50	95. 00.	"	"	84. 25.	84. 00	"
4.........	"	"	1. 60.	33. 50.	23. 00.	86. 38	94. 75.	"	"	"	83. 50.	"
5.........	"	"	1. 60.	32. 88	22. 25.	86. 63.	95. 00.	83. 50.	"	84. 50.	83. 50.	"
6.........	"	"	1. 59	32. 90.	23. 00	86. 50.	95. 00.	"	"	84. 00.	83. 00.	"
7.........	"	"	1. 61.	33. 88.	23. 13.	86. 38.	95. 25.	83. 50.	"	85. 00.	84. 00.	"
8.........	"	"	1. 63.	34. 25.	23. 25.	86. 38.	95. 13.	83. 00.	"	"	83. 00.	"
9.........	"	"	1. 60.	34. 25.	23. 38.	86. 50.	95. 00.	82. 00.	"	"	83. 00.	"
10.........	"	"	"	"	"	"	"	"	"	"	"	"
11.........	"	"	1. 60.	33. 88.	23. 13.	87. 00.	95. 00.	"	"	"	83. 00.	"
12.........	"	"	1. 60.	34. 13.	23. 25.	87. 00.	95. 00.	"	"	"	83. 00.	"
13.........	"	"	1. 59.	34. 00.	23. 25.	87. 00.	95. 00.	"	"	"	83. 00.	"
14.........	"	"	1. 60.	34. 50.	23. 75.	86. 60.	95. 00.	"	"	"	83. 00.	"
15.........	"	"	1. 61.	34. 50.	23. 75.	86. 50.	94. 90.	"	"	"	82. 00.	"
16.........	"	"	1. 61	34. 55.	23. 55.	86. 00.	94. 85.	"	"	"	82. 00.	"
17.........	"	"	1. 60.	34. 75.	23. 63.	86. 25.	94. 88.	"	"	80. 00.	80. 00.	"
18.........	"	"	1. 61.	36. 13.	25. 00.	86. 25.	94. 85.	"	"	"	81. 00.	"
19.........	"	"	1. 63.	36. 88.	25. 50.	86. 25.	94. 90.	82. 50.	"	"	81. 00.	"
20.........	"	"	"	"	"	"	"	"	"	"	"	"
21.........	"	"	1. 63.	36. 88.	25. 00.	86. 25.	94. 75.	82. 50.	"	"	81. 00.	"
22.........	"	"	1. 63.	36. 75.	24. 88.	86. 25.	94. 63.	"	"	"	81. 00.	"
23.........	"	"	1. 63.	36. 38.	24. 80.	85. 75.	94. 63.	"	"	82. 00.	81. 00.	"
24.........	"	"	1. 61.	36. 25.	24. 75.	85. 75.	94. 75.	"	"	"	81. 00.	"
25.........	"	"	"	"	"	"	"	"	"	"	"	"
26.........	"	"	1. 61.	36. 80	25. 25.	85. 30.	94. 50.	80. 80.	"	"	81. 00.	"
27.........	"	"	1. 62.	36. 75.	25. 13.	85. 63.	94. 50.	"	"	"	81. 00.	"
28.........	"	"	1. 62.	36. 50.	25. 25	86. 00.	94. 50.	"	"	"	"	"
29.........	"	"	1. 62.	36. 63.	25. 00	86. 00.	94. 38.	"	"	"	81. 00.	"
30.........	"	"	"	"	"	"	"	"	"	"	"	"
1.er nivose..	"	"	"	"	"	"	"	"	"	"	"	"
2.........	"	"	1. 65.	37. 38.	25. 50.	86. 00.	94. 50.	82. 00.	"	81. 50.	81. 50.	"
3.........	"	"	1. 69.	38. 00.	26. 38.	86. 00.	94. 75.	"	"	"	81. 50.	"
4.........	"	"	1. 70.	39. 25.	26. 75.	86. 25.	94. 95.	"	"	"	"	"
5.........	"	"	1. 69.	39. 00.	27. 63.	86. 25.	95. 88.	"	"	"	82. 50.	"
6.........	"	"	1. 68.	39. 15.	28. 75	86. 30.	94. 75	"	"	"	81. 50.	"
7.........	"	"	1. 71.	42. 50.	32. 63.	86. 50.	94. 85.	81. 00.	"	"	81. 50.	"
8.........	"	"	1. 71.	43. 25.	33. 00.	86. 75.	94. 50.	82. 00.	"	"	"	"
9.........	"	"	1. 71.	43. 88.	33. 13.	86. 75.	94. 90.	81. 50.	"	"	"	"
10.........	"	"	"	"	"	"	"	"	"	"	"	"
11.........	"	"	"	"	"	"	"	"	"	"	"	"
12.........	"	"	1. 90.	47. 00.	37. 50.	87. 00.	95. 00.	81. 75.	"	"	82. 00.	"
13.........	"	"	2. 30.	47. 50.	37. 00	86. 88.	95. 00.	82. 00.	"	"	"	"
14.........	"	20f 00c	4. 75.	46. 38.	35. 00.	86. 50.	94. 88.	"	"	"	81. 50.	"

DATE DU COURS.	DÉSIGNATION ET NATURE DES EFFETS PUBLICS ; LEUR VALEUR POUR CENT, ESPÈCES.											
	BONS 3/4.	BONS 1/4.	BONS 2/3.	TIERS consolidé.	RENTE provisoire.	BONS d'arrérages.	BONS an VIII.	BONS du syndicat.	RESCRIPTIONS de domaines.	BONS du syndicat en 500.	COUPURES.	DÉLÉGATIONS.
AN 9.												
15 nivôse....	"	23f 00c	4f 75c	47f 20c	37f 13c	86f 38c	94f 88c	"	"	"	"	"
16.........	"	26. 00.	4. 00.	46. 75.	37. 25.	87. 00.	95. 25.	"	"	"	82f 00c	"
17.........	3f 00c	26. 00.	4. 13.	48. 25.	38. 50.	87. 25.	95. 75.	"	"	"	"	"
18.........	4. 00.	27. 00	5. 00.	49. 63.	40. 15.	87. 25.	96. 00.	"	"	"	"	"
19.........	4. 00.	28. 50.	6. 30.	52. 25.	44. 00.	87. 75.	95. 65.	"	"	"	83. 00.	"
20.........	"	"	"	"	"	"	"	"	"	"	"	"
21.........	7. 50	27. 00.	8. 50.	51. 25.	46. 25.	87. 35.	95. 75.	82f 00c	"	"	"	"
22.........	9. 50.	32. 00.	12. 50.	52. 00.	45. 00.	88. 50.	95. 95.	83. 00.	"	"	"	"
23.........	"	"	"	"	"	"	"	"	"	"	"	"
24......	7. 00.	30. 00.	8. 25.	52. 00.	43. 50.	88. 50	96. 00.	83. 50.	"	"	83. 00.	"
25........	"	"	"	"	"	"	"	"	"	"	"	"
26..........	4. 50	24. 00.	7. 13.	51. 13.	42. 25.	87. 75.	96. 00.	83. 00.	"	"	"	"
27..........	7. 00.	30. 00.	8. 75.	53. 75.	45. 00.	87. 75.	95. 38.	"	"	"	83. 50.	"
28..........	7. 50.	"	8. 50.	54. 25	44. 65.	87. 75	95. 00.	"	"	"	83. 50	"
29..........	"	27. 00.	8. 00.	54. 50	44. 25.	87. 00.	95. 00.	"	"	"	83. 50	"
30..........	"	"	"	"	"	"	"	"	"	"	"	"
1.er pluviôse.	"	"	"	"	"	"	"	"	"	"	"	"
2..........	6. 50.	27. 00.	8. 75.	55. 25.	44. 50.	87. 50.	94. 75.	84. 00.	"	"	"	"
3..........	"	25. 00.	7. 75	53. 88.	43. 75.	87. 75.	94. 00.	"	"	"	84. 00.	"
4..........	4. 75.	28. 00.	7. 50.	53. 25.	43. 00.	87. 25.	93. 25.	84. 00.	"	"	84. 00.	"
5..........	5. 00.	29. 00.	8. 25.	54. 25.	43. 75.	86. 50.	93. 00.	"	"	"	84. 25.	"
6..........	"	"	"	"	"	"	"	"	"	"	"	"
7..........	"	"	"	"	"	"	"	"	"	"	"	"
8..........	5. 38.	"	7. 88.	55. 00.	44. 00.	86. 00.	92. 00.	"	"	"	"	"
9..........	6. 25.	28. 00.	8. 38.	56. 00.	44. 75.	86. 00.	92. 00.	"	"	"	"	"
10..........	"	"	"	"	"	"	"	"	"	"	"	"
11..........	6. 00.	"	8. 75.	58. 75.	46. 25.	86. 25.	92. 50.	"	"	"	84. 50.	"
12..........	6. 50.	28. 00.	8. 88.	59. 88.	47. 00.	87. 63.	94. 50.	"	"	"	84. 50.	"
13..........	5. 25.	"	7. 88.	59. 38.	47. 50.	87. 00.	93. 50.	"	"	"	"	"
14..........	5. 38.	"	8. 50.	60. 25.	47. 75.	87. 00.	94. 25.	"	"	85. 50.	"	"
15..........	5. 75.	27. 00.	8. 00.	59. 00.	46. 50.	86. 00.	94. 50.	"	"	"	84. 50.	"
16..........	"	"	"	"	"	"	"	"	"	"	"	"
17..........	"	"	"	"	"	"	"	"	"	"	"	"
18.........	6. 75.	28. 50.	9. 13	63. 50.	49. 75.	87. 00.	95. 00.	"	"	"	"	"
19..........	6. 50.	"	8. 40.	61. 25.	49. 00.	87. 00	95. 00.	"	"	"	"	"
20..........	"	"	"	"	"	"	"	"	"	"	"	"
21..........	6. 50.	"	8. 75.	62. 63.	49. 88.	87. 00.	95. 25.	85. 00	"	"	"	"
22.........	6. 50.	28. 00.	8. 63.	63. 75.	51. 00.	86. 88.	95. 50.	85. 75.	"	"	85. 25.	"
23..........	7. 00.	28. 00.	9. 25	65. 50.	53. 00.	86. 75.	96. 00.	85. 25.	"	"	85. 25.	"
24..........	7. 00.	30. 00.	10. 25.	68. 00.	53. 00.	86. 75.	96. 00.	"	"	"	85. 25.	"
25..........	"	"	8. 25.	61. 00.	50. 00.	86. 00.	95. 25.	"	"	"	"	"
26..........	"	"	"	"	"	"	"	"	"	"	"	"
27..........	"	"	8. 25.	59. 00.	46. 50.	85. 50.	95. 75.	"	"	"	"	"
28..........	"	"	"	"	"	"	"	"	"	"	"	"
29..........	6. 00.	"	8. 50.	61. 75.	48. 00.	85. 25.	95. 00.	"	"	"	"	"
30..........	"	"	"	"	"	"	"	"	"	"	"	"
1.er ventôse.	6. 50.	"	8. 00.	59. 00.	46. 00.	85. 50.	94. 00.	"	"	"	"	"
2..........	"	"	"	"	"	"	"	"	"	"	"	"

DATE DU COURS.	BONS 3/4.	BONS 1/4.	BONS 2/3.	TIERS consolidé.	RENTE provisoire.	BONS d'arrérages.	BONS an VIII.	BONS du syndicat.	RESTITUTIONS de domaines.	BONS du syndicat en 500.	COUPURES.	DÉLÉGATIONS.
AN 9.												
3 ventôse..	5f 10c	26f 50c	7f 38c	61f 75c	47f 25c	85f 25c	94f 50c	//	//	//	85f 50c	//
4	5. 45.	//	6. 75.	60. 75.	46. 00.	85. 25.	94. 25.	//	//	//	//	//
5	5. 38.	//	6. 35.	59. 75.	43. 50.	84. 00.	94. 50.	//	//	//	//	//
6	5. 25.	//	6. 88.	59. 50.	44. 00.	84. 00.	94. 75	//	//	//	//	//
7	5. 50.	25. 50.	8. 00.	59. 00.	46. 25.	84. 00.	95. 25.	//	//	//	//	//
8	//	//	//	//	//	//	//	//	//	//	//	//
9	//	25. 00.	7. 20.	58. 75.	45. 50.	84. 25.	95. 00.	//	//	//	//	//
10	//	//	//	//	//	//	//	//	//	//	//	//
11	//	//	4. 85.	55. 00.	42. 63.	84. 50.	95. 25.	//	//	//	//	//
12	//	24. 50.	5. 00.	55. 75.	42. 00.	84. 50.	95. 50.	//	//	//	84. 00.	//
13	//	//	4. 65.	54. 00.	40. 00.	84. 38.	95. 38.	//	//	//	84. 00.	//
14	//	//	//	//	//	//	//	//	//	//	//	//
15	3. 25.	//	4. 50.	54. 25.	40. 00	84. 00.	95. 50.	//	//	//	84. 00.	//
16	//	//	//	//	//	//	//	//	//	//	//	//
17	//	//	4. 45.	55. 62.	42. 50.	83. 50.	95. 38.	//	//	//	//	//
18	3. 50.	//	4. 35.	56. 00.	43. 00.	83. 50.	95. 00.	//	//	//	//	//
19	3. 50.	//	4. 13.	55. 00.	41. 00.	82. 75.	94. 75.	//	//	//	//	//
20	//	//	//	//	//	//	//	//	//	//	84. 00.	//
21	3. 55.	//	4. 00.	54. 50.	40. 50.	83. 00.	94. 75.	//	//	//	84. 00.	//
22	3. 55.	//	4. 25.	54. 38.	41. 00.	83. 00.	94. 75.	//	//	//	84. 00.	//
23	3. 55.	//	3. 70.	53. 00.	39. 50.	83. 00.	94. 75.	//	//	//	84. 00	//
24	3. 55.	//	3. 45.	53. 00.	39. 25.	83. 00.	94. 50.	//	//	//	84. 00	//
25	//	//	3. 45.	54. 38.	40. 00.	78. 00.	94. 63.	82f 00	//	//	//	//
26	//	//	//	//	//	//	//	//	//	//	//	//
27	//	//	2. 95.	55. 25.	40. 50.	70. 00.	90. 38.	81. 50.	//	//	82. 00.	//
28	3. 55.	//	2. 95.	55. 50.	41. 00.	68. 50.	90. 00.	//	//	//	//	//
29	//	//	//	//	//	//	//	//	//	//	//	//
30	//	//	//	//	//	//	//	//	//	//	//	//
1.er germinal	//	//	2. 70.	52. 00.	39. 75.	73. 73.	93. 75.	//	//	//	82. 75.	//
2	//	//	2. 68.	51. 88.	40. 25	73. 25.	94. 00.	//	//	//	82. 75.	//
3	//	//	2. 72.	52. 38.	40. 50.	74. 00.	94. 00.	//	//	//	82. 00.	//
4	2. 50.	//	2. 80.	53. 63.	41. 00.	74. 00.	94. 00.	//	//	//	82. 00.	//
5	2. 50	//	2. 83.	53. 75.	41. 00	74. 00.	94. 00.	//	//	//	82. 00.	//
6	//	//	2. 83.	53. 50	41. 75	74. 00.	94. 00.	80. 00.	//	//	80. 00.	//
7	//	//	3. 15.	54. 50.	42 75.	74. 00	93. 75.	//	//	//	//	//
8	//	//	3. 27.	56. 75.	44. 63	73. 90.	//	//	//	//	//	//
9	//	//	//	//	//	//	//	//	//	//	//	//
10	//	//	3. 25.	57. 00.	44. 38	74. 00.	93. 75.	//	//	//	84. 50.	//
11	//	//	3. 19.	56. 50.	44. 25.	75. 63.	94. 00.	//	//	//	81. 50.	//
12	//	23. 00.	3. 27.	56. 25.	44. 75.	73. 50.	94. 00.	//	79f 00c	//	//	//
13	2. 75.	//	3. 26.	55. 88.	44. 50.	73. 00.	94. 00.	//	//	//	80. 00.	//
14	2. 75.	//	3. 34.	56. 00.	45. 50.	73. 25.	94. 00.	79. 00.	//	//	//	//
15	//	//	3. 40.	55. 75.	45. 50.	73. 50.	94. 00.	//	//	//	79. 50.	//
16	//	25. 00.	3. 64.	56. 50.	45. 50.	73. 75.	94. 25.	//	//	//	//	//
17	//	//	3. 40.	56. 00.	45. 15.	73. 50.	94. 00.	//	//	//	//	//
18	3. 05.	//	3. 43.	55. 88.	45. 25	74. 00.	94. 00.	77. 00.	//	//	77. 00.	//
19	//	//	//	//	//	//	//	//	//	//	//	//

DATE DU COURS.	DÉSIGNATION ET NATURE DES EFFETS PUBLICS; LEUR VALEUR POUR CENT, ESPÈCES.											
	BONS 3/4.	BONS 1/4.	BONS 2/3.	TIERS consolidé.	RENTE provisoire.	BONS d'arrérages.	BONS an VIII.	BONS du syndicat.	RESCRIPTIONS de domaines.	BONS du syndicat en 500.	COUPURES.	DÉLÉGATIONS.
AN 9.												
21 germinal..	"	"	3f 42c	55f 63c	44f 83c	74f 50c	"	"	"	"	"	"
22	"	"	3. 38.	55. 38	44. 50.	74. 50.	94f 00c	75f 50c	"	"	"	"
23	"	"	3. 23.	53. 25	43. 75.	74. 00.	94. 00.	76. 00.	"	"	77f 50c	"
24	"	"	3. 32.	52. 50.	43. 30.	73. 75.	93. 88.	"	"	"	"	"
25	"	"	3. 37.	54. 25	44. 00.	73. 75.	93. 75.	"	"	"	72. 00.	"
26	"	19f 50c	3. 40.	53. 63.	43. 50.	73. 75.	93. 50.	"	"	"	72. 00.	"
27	"	"	3. 40.	53. 75.	43. 50.	73. 75.	93. 00.	"	"	"	"	"
28	"	"	3. 42	54. 00.	43. 75.	73. 00.	93. 25.	"	"	"	72. 00.	"
29	"	"	3. 41.	54. 13.	43. 75.	73. 00.	93. 00.	"	"	"	71. 00.	"
30	"	"	"	"	"	"	"	"	"	"	"	"
1er floréal.	3f 15c	"	3. 45.	54. 13.	43. 75.	73. 25.	93. 50.	70. 00.	"	"	72. 00.	"
2	3. 25.	"	3. 59.	54. 75.	44. 13.	74. 00.	93. 50.	71. 00.	"	"	"	"
3	"	"	3. 66.	55. 88.	45. 00.	73. 75.	94. 00.	71. 00.	"	"	71. 00.	"
4	"	"	3. 34.	55. 38.	44. 38.	73. 75.	94. 00.	68. 00.	"	71. 00.	"	"
5	"	"	3. 42.	54. 50.	43. 58.	73. 25.	93. 75.	68. 00.	"	"	68. 00.	"
6	"	"	3. 30.	54. 63.	43. 50.	73. 25.	94. 00.	70. 00.	"	"	"	"
7	"	"	3. 36.	55. 00.	44. 00.	73. 50.	94. 00.	"	"	"	"	"
8	"	"	3. 24.	54. 63.	43. 63.	73. 75.	93. 88.	"	"	"	"	"
9	"	"	3. 24.	55. 13.	43. 88.	73. 50.	93. 75.	"	"	"	"	"
10	"	"	"	"	"	"	o	"	"	"	"	"
11	"	"	3. 26.	54. 88.	43. 75.	73. 75.	94. 00.	69. 50.	"	69. 50.	69. 50.	"
12	"	"	3. 21.	54. 63.	43. 63.	74. 00.	94. 00.	"	"	"	69. 50.	"
13	"	"	3. 19.	54. 88.	43. 75.	74. 00.	94. 00.	"	"	"	69. 00.	"
14	"	"	3. 05.	54. 63.	43. 13.	73. 63.	93. 75.	"	"	"	68. 00.	"
15	"	"	2. 89.	53. 88.	42. 75.	72. 75.	93. 50.	"	"	"	"	"
16	"	"	2. 77.	53. 88.	41. 75.	72. 25.	93. 25.	"	"	"	69. 00.	"
17	"	"	2. 80.	52. 75.	41. 88.	72. 25.	92. 50.	"	"	"	"	"
18	"	"	2. 90.	53. 25.	42. 00.	72. 25.	93. 00.	"	"	"	"	"
19	"	16. 00.	2. 85.	53. 13.	42. 00.	72. 38.	93. 00.	"	"	"	68. 00.	"
20	"	"	"	"	"	"	"	"	"	"	"	"
21	"	"	2. 88.	54. 00.	43. 00.	73. 00.	93. 50.	"	"	"	"	"
22	"	"	2. 86.	53. 75.	43. 00.	73. 25.	93. 50.	66. 50.	"	"	68. 00.	"
23	"	"	2. 83.	53. 88.	43. 75.	73. 00.	93. 50.	"	"	"	"	"
24	"	"	2. 82.	53. 50.	42. 50.	72. 25.	93. 40.	"	"	"	68. 00.	"
25	"	"	2. 80.	53. 13.	42. 00.	71. 75.	93. 38.	"	"	"	"	"
26	"	"	2. 80.	52. 75.	41. 75.	69. 25.	92. 75.	"	"	"	68. 00.	"
27	"	"	2. 82.	53. 00.	42. 00.	69. 50.	92. 25.	"	"	"	"	"
28	"	"	2. 84.	52. 88.	41. 75.	69. 00.	92. 25.	"	"	"	68. 00.	"
29	"	"	2. 82.	53. 25.	41. 75.	67. 75.	92. 25.	"	"	"	68. 00.	"
30	"	"	"	"	"	"	"	"	"	"	"	"
1er prairial.	"	"	2. 81.	52. 63.	41. 00.	66. 50.	91. 00.	"	"	"	68. 00.	"
2	"	"	2. 83.	52. 63.	41. 25.	65. 00.	89. 90.	66. 50.	"	"	"	"
3	"	"	2. 83.	52. 75.	41. 25.	65. 25.	90. 50.	"	"	"	"	"
4	"	"	2. 79.	52. 00.	"	65. 00.	90. 25.	"	"	"	67. 00.	"
5	"	"	2. 79.	51. 75.	40. 10.	65. 00.	90. 50.	"	"	"	"	"
6	"	"	2. 80.	51. 63.	41. 00.	65. 25.	90. 50.	65. 50.	"	"	66. 50.	"
7	"	"	2. 73.	50. 88	39. 50.	65. 00.	90. 00.	65. 00.	"	"	"	"
8	"	"	2. 68.	51. 00.	39. 25.	65. 00.	90. 38.	"	"	"	"	"

DATE DU COURS.	BONS 3/4.	BONS 1/4.	BONS 2/3.	TIERS consolidé.	RENTE provisoire.	BONS d'arrérages.	BONS an VIII.	BONS du syndicat.	RESCRIPTIONS de domaine	BONS du syndicat en 300.	COUPURES.	D'LÉGATIONS.
AN 9.												
9 prairial...	//	//	2f 60c	48f 75c	36f 75c	64f 75c	90f 50c	//	//	//	65f 00c	//
10........	//	//	//	//	//	//	//	//	//	//	//	//
11........	//	//	2. 58.	49. 50.	37. 25.	64. 50.	90. 50.	//	//	//	//	//
12........	//	//	2. 62.	50. 75.	38. 75.	63. 50.	91. 13.	64f 00c	//	//	//	//
13........	2f 55c	//	2. 64.	51. 63.	39. 50	62. 00.	91. 00.	//	//	//	//	//
14........	//	//	2. 65.	52. 13.	40. 00.	62. 50.	91. 00.	//	//	//	//	//
15........	//	//	2. 62.	50. 63.	39. 25.	61. 50.	90. 00.	//	//	//	//	//
16........	//	//	2. 59.	50. 13.	38. 50.	57 5.	90. 00.	64. 00.	//	//	64. 00.	//
17........	//	//	2. 56.	49. 63.	38. 00.	58. 50.	90. 00.	62. 61.	//	//	62. 50.	//
18........	//	//	2. 45.	47. 50.	35. 25.	59. 50.	90. 00.	//	//	//	65. 00.	//
19........	//	//	2. 43.	47. 25.	35. 00.	59. 75.	90. 50.	//	//	//	65. 00.	//
20........	//	//	//	//	//	//	//	//	//	//	//	//
21........	//	//	2. 51	49. 00.	37. 00.	60. 25.	91. 00.	//	//	//	64. 00.	//
22........	//	//	2. 55.	50. 38.	38. 00.	60. 50.	91. 50.	//	//	//	64. 00.	//
23........	//	//	2. 46.	49. 75.	37. 00.	65. 00.	92. 00.	//	//	//	64. 50.	//
24........	//	//	2. 41.	48. 00.	35. 00	62. 50.	91. 75.	//	//	//	//	//
25........	//	//	2. 42.	48. 75.	36. 00.	63. 00.	92. 25.	//	//	//	62. 00.	//
26........	//	//	2. 39.	47. 75.	35. 00.	62. 00.	92. 00	65. 00.	//	//	//	//
27........	//	//	2. 35.	48. 00.	35. 75.	60. 50.	91. 25.	//	//	//	//	//
28........	//	//	2. 37.	49. 63.	36. 50.	60. 50	91. 50.	//	//	//	//	//
29........	//	//	2. 34.	50. 25.	37. 50.	60. 75.	92. 00.	//	//	//	64. 00.	//
30........	//	//	//	//	//	//	//	//	//	//	//	//
1.er messidor	//	//	2. 31.	48. 63.	36. 00.	60. 50.	92. 25.	//	//	//	//	//
2........	//	//	2. 32.	48. 25.	35. 25.	59. 88.	92. 00.	65. 00.	//	//	66. 00.	//
3........	//	//	2. 35.	48. 75.	36. 00.	58. 00.	91. 75.	//	//	//	67. 00.	//
4........	//	//	2. 32.	48. 00	35. 00.	57. 25.	91. 63.	//	//	//	68. 00.	//
5........	//	//	//	46. 63.	33. 25.	55. 75.	91. 00.	//	//	//	//	//
6........	//	//	2. 29.	46. 75.	33. 25.	54. 50.	90. 75.	//	//	//	//	//
7........	//	//	2. 30.	47. 63.	34. 00.	55. 00.	90. 50.	//	//	//	70. 00.	//
8........	//	//	2. 30.	47. 50.	34. 50.	57. 00.	89. 75.	//	//	//	69. 00.	//
9........	//	//	//	//	//	//	//	//	//	//	//	//
10........	//	//	//	//	//	//	//	//	//	//	//	//
11........	//	//	2. 31.	47. 63.	34. 00.	56. 50.	89. 50.	//	//	//	//	//
12........	//	//	2. 28.	46. 75.	33. 25.	56. 50.	90. 00.	//	//	//	//	//
13........	//	//	2. 27.	46. 63	33. 25.	56. 50	90. 25.	//	//	//	72. 00.	//
14........	//	//	2. 28.	46. 50.	33. 33.	56. 25.	90. 00	//	//	//	//	//
15........	//	//	2. 25.	46. 38.	33. 00.	55. 50.	89. 50.	72. 00.	//	//	//	//
16........	//	//	2. 20.	45. 25.	32. 00.	54. 50.	89. 00.	//	//	//	74. 00.	//
17........	//	//	2. 20.	45. 25.	31. 25.	54. 00.	88. 50.	//	//	//	75. 00.	//
18........	//	//	//	44. 50.	28. 75.	54. 50.	89. 00.	//	//	75f 00c	//	//
19........	//	//	2. 00.	42. 50.	27. 25.	55. 25.	88. 50.	//	//	//	//	//
20........	//	//	//	//	//	//	//	//	//	//	//	//
21........	//	//	2. 07	42. 00.	28. 00.	56. 25.	88. 50	//	//	//	//	//
22........	//	//	2. 12.	44. 50	31. 00.	56. 50.	89. 75.	//	//	//	76. 00.	//
23........	//	//	2. 20	44. 75.	31. 25.	57. 25.	89. 75.	//	//	//	//	//
24........	//	//	2. 28.	45. 50.	32. 75	58. 25.	90. 00.	//	//	//	//	//
25........	//	//	//	//	//	//	//	//	//	//	//	//
26........	2. 05.	//	2. 20.	46. 00.	31. 38.	58. 75.	90. 00.	//	//	//	//	//

DATE DU COURS.	DÉSIGNATION ET NATURE DES EFFETS PUBLICS; LEUR VALEUR POUR CENT , ESPÈCES.											
	BONS 3/4.	BONS 1/4.	BONS 2/3.	TIERS consolidé.	RENTE pro-visoire.	BONS d'arré-rages.	BONS an VIII.	BONS du syndicat.	RESCRIP-TIONS de domaines.	BONS du syndicat en 500.	COU-PURES.	DÉLÉ-GATIONS.
AN 9.												
27 messidor..	"	"	2ᶠ 08ᶜ	43ᶠ 38ᶜ	29ᶠ 00ᶜ	55ᶠ 25ᶜ	88ᶠ 30ᶜ	"	"	"	"	"
28.........	"	"	2. 10.	44. 25.	29. 75.	57. 00.	88. 00.	"	"	"	"	"
29.........	"	"	2. 12.	44. 00.	29. 50.	58. 00.	88. 00.	"	"	"	"	"
30.........	"	"	"	"	"	"	"	"	"	"	"	"
1.ᵉʳ thermid.	"	"	"	"	"	"	"	"	"	"	"	"
2.........	"	"	2. 13.	43. 75.	28. 75.	57. 75.	87. 75.	"	"	"	"	"
3.........	"	"	2. 12.	44. 25.	29. 88.	57. 75.	88. 00.	"	"	"	"	"
4.........	2ᶠ 00ᶜ	"	2. 13.	44. 25.	29. 88.	58. 25.	88. 25.	"	"	"	75ᶠ 00ᶜ	"
5.........	"	"	2. 15.	44. 00.	30. 50.	58. 38.	88. 38.	"	"	"	"	"
6.........	"	"	2. 15.	44. 00.	30. 50.	59. 38.	89. 25.	"	"	"	"	"
7.........	"	"	2. 13.	43. 25.	29. 63.	59. 50.	89. 38.	"	"	"	"	"
8.........	"	"	2. 11.	43. 38.	30. 25.	59. 00.	89. 00.	"	"	"	"	"
9.........	"	"	2. 10.	43. 13.	29. 50.	59. 50.	89. 50.	77ᶠ 00ᶜ	"	"	77. 00.	"
10.........	"	"	"	"	"	"	"	"	"	"	"	"
11.........	"	"	2. 10.	42. 75.	29. 75.	60. 00.	88. 25.	"	"	"	"	"
12.........	"	"	2. 08.	42. 88.	29. 63.	61. 00.	89. 13.	"	"	"	76. 50.	"
13.........	"	"	2. 06.	42. 00.	29. 25.	63. 00.	89. 38.	"	"	"	"	"
14.........	"	"	2. 04.	41. 75.	"	61. 50.	89. 25.	"	"	"	"	"
15.........	2. 00.	"	2. 03.	41. 25.	27. 75.	61. 50.	88. 88.	"	"	"	77 00.	"
16.........	"	"	2. 00.	39. 50.	25. 50.	61. 50.	89. 63.	"	"	"	77. 00.	"
17.........	"	"	2. 02	41. 25.	27. 75.	61. 50.	89. 25.	"	"	"	"	"
18.........	"	"	2. 02.	41. 13.	28. 50.	61. 50.	89. 25.	"	"	"	"	"
19.........	"	"	2. 02.	41. 13.	27. 13.	62. 00.	89. 25.	"	"	"	76. 50.	"
20.........	"	"	"	"	"	"	"	"	"	"	"	"
21.........	"	"	2. 03.	41. 38.	27. 50.	62. 75.	89. 25.	"	"	"	77. 00.	"
22.........	"	"	2. 01.	40. 75.	26. 88.	63. 00.	89. 13.	76. 00.	"	76ᶠ 00ᶜ	"	"
23.........	"	"	"	41. 25.	26. 25.	63. 00.	89. 00.	"	44 1/2.	"	"	34 7/8.
24.........	"	"	2. 00.	40. 75.	26. 00.	63. 00.	89. 00.	"	44 1/2.	"	"	"
25.........	"	"	2. 00.	42. 00.	27. 50.	62. 88.	89. 00.	"	44 1/2.	"	"	"
26.........	"	"	2. 00.	43. 00.	28. 75.	63. 00.	89. 00.	"	44. 50.	"	"	"
27.........	"	"	2. 25.	43. 75.	30. 25.	63. 00.	"	"	"	"	"	"
28.........	"	"	2. 15.	43. 50.	29. 25.	63. 00.	89. 25.	"	44. 00.	"	"	"
29.........	"	"	2. 10.	43. 50.	29. 25.	63. 00.	89. 25.	"	"	"	"	"
30.........	"	"	"	"	"	"	"	"	"	"	"	"
1.ᵉʳ fructidor	"	"	2. 10.	43. 75.	29. 25.	63. 00.	89. 25.	"	44. 00.	"	"	"
2.........	"	"	2. 20.	43. 50.	29. 25.	63. 00.	89. 00.	"	"	"	"	"
3.........	"	"	2. 20.	44. 00.	29. 75.	62. 50.	"	"	43. 50.	"	"	0
4.........	"	"	2. 25.	46. 00.	31. 75.	62. 50.	68. 75.	"	"	"	"	"
5.........	"	"	2. 25.	48. 00.	34. 00.	"	"	"	43. 00.	"	"	"
6.........	"	"	2. 35.	49. 75.	34. 00.	62. 50.	88. 75.	"	"	"	"	"
7.........	"	"	2. 30.	48. 00.	33. 75.	62. 50.	88. 90.	"	"	"	"	"
8.........	"	"	2. 35.	48. 00.	34. 25.	61. 00.	88. 90.	"	"	"	"	"
9.........	"	"	2. 35.	48. 00.	33. 50.	61. 50.	88. 50.	"	43. 00.	"	"	"
10.........	"	"	"	"	"	"	"	"	"	"	"	"
11.........	"	"	2. 45.	48. 75.	34. 00.	61. 00.	88. 50.	"	"	"	"	"
12.........	"	"	2. 45.	48. 00.	"	60. 50.	87. 50.	"	"	"	"	"
13.........	"	"	2. 30.	46. 75.	32. 75.	60. 50.	87. 50.	"	44. 00.	"	"	"
14.........	"	"	2. 30.	47. 00.	32. 75.	60. 00.	87. 25.	"	"	"	"	"

6

DATE DU COURS.	DÉSIGNATION ET NATURE DES EFFETS PUBLICS; LEUR VALEUR POUR CENT, ESPÈCES.											
	BONS 3/4.	BONS 1/4.	BONS 2/3.	TIERS consolidé.	RENTE provisoire.	BONS d'arrérages.	BONS an VIII.	BONS du syndicat	RESCRIPTIONS de domaines	BONS du syndicat en 500.	COUPURES.	DÉLÉGATIONS.
AN 9.												
15 fructidor.	″	″	2f 32c	47f 50c	33f 00c	60f 00c	87f 25c	″	″	″	″	″
16	″	″	2. 35.	47. 25.	32. 75.	60. 00.	87. 25.	″	42f 00c	″	″	″
17	″	″	2. 32.	47. 50.	33. 50.	59. 50.	87. 75.	″	″	″	″	″
18	″	″	2. 37.	48. 00.	34. 00.	59. 50.	88. 00.	″	″	″	″	″
19	″	″	2. 40.	48. 00.	34. 00.	59. 25.	88. 00.	″	″	″	″	″
20	″	″	″	″	″	″	″	″	″	″	″	″
21	″	″	2. 40.	48. 50.	34. 60.	59. 50.	88. 90.	″	″	″	″	″
22	″	″	2. 45.	49. 75.	36. 00.	59. 50.	90. 00.	″	″	″	″	″
23	″	″	2. 45.	50. 00.	36. 50.	59. 00.	90. 00.	″	42. 00.	″	″	″
24	″	″	2. 40.	48. 50.	35. 00.	59. 00.	89. 50.	76 0 0	43. 00.	″	″	″
25	″	″	2. 40.	48. 50.	35. 00.	59. 00.	89. 50.	″	″	″	″	″
26	″	″	2. 40.	48. 15.	35. 00.	″	89. 25.	″	43. 00.	″	″	″
27	″	″	2. 42.	49. 00.	35. 00.	58. 75.	89. 00.	″	″	″	″	″
28	″	″	2. 42.	49. 50.	34. 75.	58. 50.	88. 75.	″	″	″	″	″
29	″	″	2. 38.	48. 50.	34. 25.	60. 00.	88. 75.	″	″	″	″	″
30	″	″	″	″	″	″	″	″	″	″	″	″
1.er compl.	″	″	2. 42.	48. 80.	34. 25.	60. 00.	89. 00.	″	″	74f 00c	74f 00c	″
2	″	″	2. 41.	49. 00.	34. 50.	60. 00.	90. 00.	″	44. 00	″	″	″
3	″	″	2. 40.	48. 65.	″	62. 00.	90. 50.	″	″	″	76. 00.	″
4	″	″	″	46. 50.	″	62. 00.	91. 00.	″	″	″	″	″
5	″	″	″	″	″	″	″	″	″	″	″	″
AN 10.												
1.er vendém.	″	″	″	″	″	″	″	″	″	″	″	″
2	″	″	2. 35.	46. 50.	″	62. 00.	91. 00.	″	″	″	″	″
3	″	″	2. 30.	46. 25.	″	63. 00	″	″	″	″	″	″
4	″	″	2. 30.	47. 90.	″	″	93. 00.	″	43. 50.	″	75. 00.	″
5	″	″	2. 40.	50. 50.	″	64. 00.	93. 00.	″	44. 00.	″	75. 00.	″
6	″	″	2. 50.	52. 75.	38. 00.	64. 00.	″	″	″	″	″	″
7	″	″	2. 55.	54. 00.	″	64. 00.	94. 00.	″	″	″	″	″
8	″	″	2. 53.	52. 75.	″	64. 00.	94. 00.	″	″	″	75. 00.	″
9	″	″	2. 60.	54. 00.	″	64. 00	94. 00.	″	47. 50.	″	″	″
10	″	″	″	″	″	″	″	″	″	″	″	″
11	″	″	2. 65.	54. 50.	41. 00.	66. 00.	94. 00.	″	47. 50.	″	″	″
12	″	″	2. 60.	53. 75.	40. 00.	″	94. 00.	″	″	″	″	″
13	″	″	2. 60.	52. 25.	40. 00.	65. 60.	94. 00.	″	48. 00.	″	″	″
14	″	″	2. 65.	54. 50.	40. 00.	66. 00.	94. 00.	″	″	″	″	″
15	″	″	2. 70.	56. 00.	″	66. 00.	94. 00.	″	″	″	″	″
16	″	″	2. 70.	55. 50.	″	66. 00.	94. 00.	″	47. 50.	″	″	″
17	″	″	2. 70.	56. 00.	″	66. 00.	93. 50.	″	47. 50.	″	″	″
18	″	″	2. 70.	55. 75.	″	66. 00.	93. 50.	″	″	″	″	″
19	″	″	2. 72.	55. 75.	″	67. 00.	93. 50.	″	47. 50.	″	71. 00.	″
20	″	″	″	″	″	″	″	″	″	″	″	″
21	″	″	2. 75.	56. 25.	41. 25.	67. 00.	93. 50.	″	″	″	″	″
22	″	″	″	56. 25.	41. 25.	68. 00.	94. 00.	″	48. 00.	″	″	″
23	″	″	2. 75.	56. 00.	41. 25.	70. 00.	94. 50.	″	″	″	74. 00.	″
24	″	″	2. 75.	56. 25.	″	70. 00.	″	″	48. 00.	″	″	″
25	″	″	2. 77.	57. 25.	44. 00.	70. 00.	″	″	″	″	″	″

DATE DU COURS.	DÉSIGNATION DES EFFETS PUBLICS.									OBSERVATIONS.
	BONS et promesses 2/3.	CINQ p.o/o consolidés	PROVIS.re déposé.	PROVIS.re non déposé.	BONS an VII.	BONS an VIII.	COU-PURES.	RESCRIP-TIONS de domaines.	BONS du syndicat.	
AN 10.										
26 vendém..	"	59f 50c	46f 00c	"	70f 00c	"	"	"	"	
27.........	"	60. 00.	"	"	70. 00.	94f 00c	"	48f 00c	"	
28.........	2f 80c	62. 25.	47. 00.	"	70. 00.	94. 00.	"	49. 00.	"	
29.........	3. 00.	62. 00.	47. 00.	"	70. 00.	93. 00.	"	"	"	
30.........	"	"	"	"	"	"	a	"	"	
1.er brumaire	3. 00.	63. 05.	49. 50.	"	70. 00.	91. 50.	75f 00c	"	"	
2.........	3. 10.	62. 75.	"	"	"	91. 00.	"	49. 00.	"	
3.........	3. 00.	60. 75.	"	"	70. 00.	91. 00.	"	"	"	
4.........	3. 00.	60. 25.	"	"	69. 75.	90. 75.	"	"	"	
5.........	2. 97.	61. 00.	47. 50.	"	69. 00.	90. 00.	"	48. 75.	"	
6.........	. 82 .	59. 50.	"	"	"	90. 00.	"	48. 00.	"	
7.........	2. 85.	58. 25.	"	"	68. 00.	89. 00.	75. 00.	"	"	
8.........	2. 85.	59. 25.	"	"	67. 50.	89. 00.	"	48. 00.	"	
9.........	"	59. 75.	47. 00.	"	67. 00.	89. 00.	"	"	"	
10.........	"	"	"	"	"	"	"	"	"	
11.........	3. 00.	60. 75.	46. 50.	"	67. 00.	"	"	"	"	
12.........	2. 90.	59. 75.	"	"	67. 00.	89. 00.	"	"	"	
13.........	2. 90.	59. 80.	47. 00.	"	67. 00.	89. 00.	"	"	"	
14.........	2. 90.	60. 50.	"	"	67. 00.	90. 00.	"	"	"	
15.........	"	58. 75.	45. 00.	"	67. 00.	90. 00.	74. 00.	"	"	
16.........	2. 85.	58. 00.	"	"	67. 00.	88. 50.	"	"	"	
17.........	2. 80.	57. 75.	46. 00.	"	67. 00.	89. 00.	"	52. 00.	"	
18.........	"	"	"	"	"	"	"	"	"	
19.........	2. 80.	57. 75.	"	"	67. 00.	89. 00.	"	53. 00.	"	
20.........	"	"	"	"	"	"	"	"	"	
21.........	2. 80.	56. 50.	"	"	67. 00.	89. 00.	"	"	74f 00c	
22.........	"	56. 00.	"	"	67. 00.	89. 00.	"	"	"	
23.........	2. 70.	57. 00.	"	"	67. 00.	90. 00.	"	52. 00.	"	
24.........	2. 78.	57. 00.	45. 00.	"	67. 00.	90. 00.	"	"	"	
25.........	2. 72.	55. 80.	"	"	65. 00.	89. 00.	"	54. 00.	"	
26.........	2. 70.	56. 25.	"	"	65. 00.	89. 00.	"	"	"	
27.........	"	54. 50.	42. 00.	"	"	89. 00.	"	"	"	
28.........	2. 70.	54. 60.	40. 00.	"	64. 25.	89. 00.	"	"	"	
29.........	"	54. 00.	41. 00.	"	63. 00.	88. 00.	"	"	"	
30.........	"	"	"	"	"	"	"	"	"	
1.er frimaire.	2. 70.	54. 00.	"	"	63. 00.	88. 00.	"	"	"	
2.........	"	"	"	"	"	"	"	"	"	
3.........	2. 72.	56. 00.	43. 00.	"	60. 00.	87. 00.	"	"	"	
4.........	"	56. 75.	"	"	58. 00.	87. 00.	"	"	"	
5.........	2. 68.	55. 00.	"	"	59. 00.	87. 00.	74. 00.	"	"	
6.........	2. 68.	54. 60.	"	"	60. 00.	87. 00.	"	"	"	
7.........	"	54. 50.	41. 00.	"	62. 00.	90. 00.	"	54. 00.	"	
8.........	2. 70.	55. 25.	"	"	62. 00.	90. 00.	"	"	"	
9.........	"	56. 00.	"	"	62. 50.	90. 00.	74. 00.	"	"	
10.........	"	"	"	"	"	"	"	"	"	
11.........	2. 70.	55. 75.	41. 00.	"	62. 50.	90. 00.	74. 00.	"	"	
12.........	2. 70.	55. 50.	42. 00.	"	62. 50.	89. 00.	"	"	"	
13.........	2. 65.	54. 50.	"	"	61. 00.	89. 00.	"	"	"	

6..

DATE DU COURS.	BONS et promesses 2/3.	CINQ p. o/o consolidés	PROVIS.re déposé.	PROVIS.re non déposé.	BONS an VII.	BONS an VIII	COUPURES.	RESCRIPTIONS de domaines.	DÉLÉGATIONS.	OBSERVATIONS.
AN 10.										
14 frimaire..	"	54f 15c	40f 00c	"	60f 00c	89f 00c	"	"	"	
15	2f 65c	53. 50.	"	"	59. 00.	89. 00.	"	"	"	
16	"	53. 60.	40. 00.	"	58. 00.	"	"	"	"	
17	2. 60.	53. 00.	40. 00.	"	58. 00.	89. 00.	74f 00c	"	"	
18	"	53. 00.	39. 50.	"	58. 50.	88. 00.	"	"	"	
19	2. 62.	53. 00.	"	"	58. 00.	"	"	"	"	
20	"	"	"	"	"	"	"	"	"	
21	2. 65.	53. 40.	39. 50.	"	58. 00.	88. 50.	"	"	"	
22	2. 65.	53. 15.	"	"	58. 25.	88. 50.	"	"	"	
23	2. 65.	53. 50.	41. 00.	"	59. 00.	89. 00.	74. 00.	"	"	
24	2. 70.	54. 25.	40. 00.	"	59. 50.	89. 00.	"	"	"	
25	2. 65.	53. 75.	"	"	59. 50.	89. 00.	"	"	"	
26	2. 70.	53. 75.	"	"	59. 50.	89. 00.	74. 00.	"	"	
27	2. 70.	54. 00.	41. 00.	"	"	88. 50.	"	"	"	
28	2. 75.	53. 50.	"	"	59. 00.	88. 50.	"	"	"	
29	2. 70.	53. 60.	"	"	"	89. 00.	"	"	"	
30	"	"	"	"	"	"	"	"	"	
1.er nivôse..	2. 65.	53. 75.	"	"	"	89. 00.	"	"	"	
2	2. 60.	52. 75.	"	"	58. 50.	89. 00.	"	"	"	
3	"	52. 90.	"	"	58. 50.	90. 00.	"	66f 00c	"	
4	2. 60.	53. 30.	"	"	"	90. 00.	"	"	"	
5	2. 60.	53. 75.	"	"	"	89. 75.	"	"	"	
6	2. 65.	54. 00.	41. 00.	"	58. 00.	90. 00.	"	"	"	
7	2. 68.	54. 75.	41. 50.	"	57. 50.	89. 75.	"	66. 00.	"	
8	2. 65.	54. 25.	"	"	57. 00.	89. 50.	"	"	"	
9	2. 65.	54. 00.	41. 00.	"	56. 75.	90. 00.	"	66. 00.	"	
10	"	"	"	"	"	"	"	"	"	
11	2. 65.	54. 00.	"	"	57. 00.	90. 00.	"	"	"	
12	2. 65.	54. 25.	"	"	57. 00.	"	"	"	"	
13	2. 68.	54. 10.	43. 00.	"	57. 00.	89. 00.	"	"	"	
14	2. 65.	53. 80.	"	40f 00c	57. 00.	"	"	"	"	
15	2. 65.	53. 85.	"	"	57. 00.	88. 50.	"	"	"	
16	"	54. 00.	43. 00.	40. 00.	"	88. 50.	"	"	"	
17	2. 70.	53. 75.	"	"	57. 00.	88. 50.	"	67. 50.	"	
18	2. 65.	54. 00.	"	"	56. 75.	"	"	67. 00.	"	
19	2. 65.	54. 00.	"	"	56. 75.	88. 00.	"	"	"	
20	"	"	"	"	"	"	"	"	"	
21	2. 70.	54. 60.	43. 50.	"	57. 00.	"	"	"	39f 50c	
22	2. 70.	55. 10.	43. 50.	"	56. 50.	89. 00.	"	"	"	
23	"	55. 50.	44. 00.	"	57. 50.	"	"	66. 00.	"	
24	"	55. 75.	"	"	58. 00.	88. 75.	"	"	"	
25	2. 70.	55. 75.	44. 50.	"	58. 00.	89. 00.	73. 00.	"	"	
26	2. 75.	55. 60.	"	"	57. 50.	89. 00.	"	"	"	
27	2. 70.	55. 15.	44. 00.	"	57. 50.	89. 00.	"	"	"	
28	2. 72.	55. 75.	"	"	57. 50.	89. 00.	"	"	"	
29	2. 75.	56. 30.	"	42. 00.	"	"	"	"	"	
30	"	"	"	"	"	"	"	"	"	
1.er pluviôse.	2. 75.	56. 90.	45. 50.	"	58. 00.	89. 00.	"	"	"	

DATE DU COURS.	DÉSIGNATION DES EFFETS PUBLICS.									OBSERVATIONS.
	BONS et promesses 2/3.	CINQ p. o/o consolidés	PROVIS.re déposé.	PROVIS.re non déposé.	BONS an VII.	BONS an VIII.	COUPURES.	DESCRIPTIONS des domaines.	DÉLÉGATIONS.	
AN 10.										
2 pluviôse...	2f 77c	57f 15c	46f 00c	43f 00c	"	89f 00c	"	"	"	
3........	2. 80.	59. 00.	"	43. 00.	"	89. 00.	"	"	"	
4........	2. 80.	58. 40.	"	43. 00.	"	88. 00.	"	"	"	
5........	"	57. 75.	"	"	53l 75c	89. 00.	"	"	"	
6........	2. 80.	57. 25.	"	"	53. 00.	88. 75.	"	"	"	
7........	2. 80.	57. 50.	46. 00.	43. 00.	53. 00.	88. 75.	"	"	"	
8........	2. 80.	58. 00.	46. 00.	43. 00.	53. 00.	89. 00.	73f 00c	"	"	
9........	2. 80.	57. 10.	"	"	54. 00.	89. 50.	"	"	"	
10........	"	"	"	"	"	"	"	"	"	
11........	2. 80.	56. 90.	"	43. 00.	53. 50.	89. 50.	"	"	"	
12........	2. 80.	57. 25.	"	"	53. 50.	89. 50.	"	"	"	
13........	2. 80.	56. 70.	"	"	53. 50.	90. 00.	"	"	"	
14........	2. 80.	57. 40.	"	"	"	90. 00.	"	"	"	
15........	2. 80.	57. 35.	"	43. 00.	53. 00.	90. 00.	"	"	48f 00c	
16........	2. 81.	57. 25.	46. 00.	"	53. 00.	90. 00.	73. 00.	"	"	
17........	2. 80.	57. 00.	"	"	"	90. 00.	"	"	48. 00.	
18........	2. 80.	57. 25.	"	"	53. 00.	90. 00.	"	60f 00c	"	
19........	2. 80.	57. 25.	46. 00.	42. 00.	52. 50.	90. 00.	"	"	48. 00.	
20........	"	"	"	"	"	"	"	"	"	
21........	2. 80.	57. 60.	"	"	52. 00.	90. 00.	"	"	"	
22........	2. 80.	57. 25.	"	42. 50.	52. 50.	"	"	"	51. 00.	
23........	"	57. 00.	46. 00.	"	51. 50.	90. 00.	"	"	"	
24........	2. 77.	56. 60.	"	"	51. 50.	"	"	"	"	
25........	2. 77.	56. 60.	46. 00	"	51. 50.	90. 50.	"	56. 50.	?	
26........	2. 80.	57. 00.	"	42. 00.	"	90. 50.	"	"	"	
27........	2. 80.	57. 50.	46. 00.	42. 00.	51. 50.	90. 50.	"	"	"	
28........	2. 80.	56. 75.	"	"	51. 50.	90. 50.	72. 00.	"	"	
29........	2. 80.	57. 00.	46. 00.	"	51. 00.	90. 50.	"	"	"	
30........	"	"	"	"	"	"	"	"	"	
1.er ventôse.	2. 80.	56. 85.	"	"	51. 00.	90. 50.	"	56. 50.		
2........	2. 81.	57. 30.	45. 75.	42. 00.	52. 00.	91. 00.	70. 00.	"		
3........	2. 80.	57. 00.	"	"	53. 50.	"	"	"		
4........	2. 80.	57. 00.	"	42. 00.	54. 00.	92. 50.	"	56. 50.		
5........	2. 80.	57. 10.	"	42. 00.	65. 00.	"	"	"		
6........	2. 80.	57. 25.	"	"	75. 00.	98. 00.	"	59. 00.		
7........	2. 80.	57. 40.	"	"	75. 00.	101.00.	"	"		
8........	2. 80.	57. 40.	46. 25.	"	72. 00.	101.00.	"	59. 00.		
9........	2. 80.	57. 15.	"	"	71. 00.	103.00.	"	"		
10........	"	"	"	"	"	"	"	"		
11........	"	57. 05.	"	"	67. 00.	103.00.	72. 00.	60. 00.	"	
12........	"	56. 90.	"	"	69. 00.	103.00.	"	"	"	
13........	2. 75.	56. 00.	"	"	68. 00.	105.00.	"	"	"	
14........	2. 80.	56. 50.	"	"	69. 00.	105.00.	"	"	"	
15........	2. 80.	56. 50.	45. 50.	"	69. 00.	106.00.	72. 00.	"	"	
16........	2. 80.	56. 80.	"	"	68. 00.	106.00.	72. 00.	"	"	
17........	2. 80.	56. 60.	"	"	67. 00.	106.00.	"	"	"	
18........	"	56. 60.	"	"	67. 00.	106.00.	72. 00.	"	"	
19........	"	56. 85.	"	"	"	110.00.	"	"	"	

DATE DU COURS.	DÉSIGNATION DES EFFETS PUBLICS.									OBSERVATIONS.
	BONS et promesses 2/3.	CINQ p. o/o consolidés	PROVIS.re déposé.	PROVIS.re non déposé.	BONS an VII.	BONS an VIII.	COU-PURES.	RESCRIP-TIONS de domaines.	DÉLÉ-GATIONS.	
AN 10.										
20 ventôse...	"	"	"	"	"	"	"	"	"	
21	2f 80c	57f 00c	"	"	63f 00c	112f 00c	"	"	"	
22	"	"	"	"	"	"	"	"	"	
23	2. 77.	57. 00.	"	"	54. 50.	114. 00.	"	"	"	
24	2. 80.	57. 15.	"	40f 00c	53. 00.	114. 00.	"	"	"	
25	2. 80.	56. 75.	45f 50c	40. 00.	52. 00.	115. 00.	"	"	"	
26	2. 80.	57. 00.	46. 00.	"	58. 00.	115. 00.	"	"	"	
27	2. 81.	57. 90.	46. 00.	40. 00.	73. 00.	115. 00.	"	"	"	
28	2. 80.	57. 30.	45. 50.	"	66. 00.	115. 00.	"	"	"	
29	"	55. 30.	"	"	63. 00.	110. 00.	"	"	"	
30	"	"	"	"	"	106. 00.	72f 71c	66f 00c	"	
1.er germinal	"	55. 40.	49. 00.	40. 50.	"	106. 00	72. 00.	66. 00.	"	
2	"	56. 50.	"	"	63. 00.	106. 00.	72. 00.	66. 00.	"	
3	2. 80.	56. 90.	47. 00.	"	62. 00.	"	"	"	"	
4	1. 8q.	57. 60.	47. 00.	"	"	106. 00.	"	"	"	
5	2. 80.	57. 50.	47. 00.	"	"	106. 00.	"	"	"	
6	2. 80.	57. 50.	47. 00.	41. 00.	"	106. 00.	"	"	"	
7	"	56. 50.	"	"	"	106. 00.	"	"	"	
8	"	56. 50.	46. 00.	"	"	"	"	"	"	
9	"	56. 15.	"	"	49. 00.	"	"	"	"	
10	"	"	"	"	"	"	"	"	"	
11	"	55. 70.	"	"	49. 00.	106. 00.	"	65. 00.	"	
12	"	55. 20.	"	"	48. 00.	"	"	"	"	
13	"	55. 50.	45. 50.	"	"	"	"	"	"	
14	"	56. 25.	"	"	47. 00.	"	"	"	"	
15	2. 75.	56. 40.	45. 50.	40. 00.	"	"	"	"	"	
16	2. 75.	56. 15.	"	40. 50.	"	"	"	"	"	
17	2. 70.	55. 90.	45. 50.	40. 50.	46. 50.	"	"	"	"	
18	2. 74.	55. 80.	"	"	"	"	"	"	"	
19	"	55. 90.	45. 50.	40. 50.	46. 00.	"	"	"	"	
20	"	"	"	"	"	"	"	"	"	
21	"	55. 20.	"	"	45. 00.	86. 00.	"	"	"	
22	2. 74.	55. 10.	"	"	45. 00.	"	"	"	"	
23	2. 70.	55. 50.	"	"	"	"	"	"	"	
24	"	55. 75.	46. 50.	40. 50.	45. 00.	86. 00.	"	"	"	
25	2. 72.	55. 60.	47. 00.	41. 00.	42. 25.	81. 00.	"	65. 00.	"	
26	2. 75.	55. 90.	47. 00.	41. 00.	42. 00.	81. 00.	"	66. 00.	"	
27	"	56. 50.	48. 25.	42. 50.	40. 00.	86. 00.	"	"	"	
28	"	"	"	"	"	"	"	"	"	
29	2. 75.	56. 50.	48. 50.	44. 00.	"	"	"	"	"	
30	2. 80.	57. 10.	48. 50	43. 50.	40. 00.	"	"	"	"	
1.er floréal	2. 80.	57. 40.	49. 00.	45. 00.	40. 00.	"	"	66. 00.	"	
2	2. 80.	57. 10.	"	"	33. 32.	"	"	"	"	
3	2. 80.	57. 25.	"	46. 50.	39. 00.	"	"	"	"	
4	2. 80.	56. 90.	49. 00.	46. 00.	"	"	"	"	"	
5	"	"	"	"	"	"	"	"	"	
6	2. 80.	56. 75.	"	45. 50.	35. 00.	70. 00.	"	67. 00.	"	
7	2. 80.	57. 00.	48. 50.	46. 00.	37. 00.	68. 00.	"	"	"	

DATE DU COURS.	DÉSIGNATION DES EFFETS PUBLICS.									OBSERVATIONS.
	BONS et promesses 2/3.	CINQ p. o/o consolidés	PROVIS.re déposé.	PROVIS.re non déposé.	BONS an VII.	BONS an VIII.	COU-PURES.	RESCRIP-TIONS de domaines.	BONS de syndicat.	
AN 10.										
8 floréal....	2f 80c	56f 80c	48f 50c	46f 05c	39f 00c	68f 50c	"	"	"	
9.........	2. 80.	56. 90.	48. 50.	"	39. 00.	68. 50.	"	"	"	
10.........	2. 78.	56. 85.	"	46. 50.	"	68. 50.	"	67f 00c	"	
11.........	2. 80.	57. 15.	"	"	39. 00.	68. 00.	"	"	"	
12.........	"	"	"	"	"	"	"	"	"	
13.........	2. 80.	57. 30.	"	47. 00.	"	68. 50.	"	"	"	
14.........	2. 82.	57. 70.	49. 00.	47. 50.	36. 00.	"	"	65. 50.	"	
15.........	2. 82.	57. 30.	"	"	34. 00.	68. 50.	"	63. 00.	"	
16.........	2. 80.	57. 10.	"	48. 00.	34. 00.	68. 50.	"	"	"	
17.........	2. 82.	57. 25.	49. 00.	"	35. 00.	68. 50.	"	68. 00.	"	
18.........	2. 80.	57. 10	"	48. 00.	38. 00.	69. 00.	"	"	"	
19.........	"	"	"	"	"	"	"	"	"	
20.........	2. 80	56. 75.	"	48. 00.	39. 00.	69. 70.	"	"	"	
21.........	"	56. 75.	"	"	"	71. 00.	"	"	73f 00c	
22.........	2. 82.	57. 00.	"	"	38. 00.	72. 00.	"	"	"	
23.........	"	57. 00.	"	"	"	74. 00.	"	"	"	
24.........	2. 80.	56. 80.	"	48. 00.	37. 00.	80. 00.	"	"	"	
25.........	2. 75.	57. 00.	"	"	38. 50.	80. 00.	"	"	"	
26.........	"	"	"	"	"	"	"	"	"	
27.........	2. 80.	56. 70.	"	"	38. 00.	80. 00.	"	"	"	
28.........	2. 80.	56. 60.	"	"	37. 00.	84. 00.	"	"	"	
29.........	2. 80.	56. 90.	"	"	38. 00.	"	"	71. 00.	"	
30.........	2. 80.	56. 50.	"	"	38. 00.	86. 50.	"	"	"	
1.er prairial.	"	56. 50.	"	46. 50.	"	86. 50.	"	"	"	
2.........	"	56. 25.	"	46. 50.	37. 50.	86. 00.	"	"	"	
3.........	"	"	"	"	"	"	"	"	"	
4.........	"	56. 40.	48. 00.	"	37. 50.	87. 00.	"	"	"	
5.........	2. 75.	56. 25.	"	"	38. 00.	86. 50.	"	"	"	
6.........	2. 75.	56. 10.	"	"	38. 00.	86. 50.	"	"	"	
7.........	"	"	"	"	"	"	"	"	"	
8.........	2. 75.	56. 10.	"	"	37. 00.	87. 00.	"	72. 00.	"	
9.........	"	55. 60.	"	46. 00.	38. 00.	87. 00.	"	75. 00.	"	
10.........	"	"	"	"	"	"	"	"	"	
11.........	"	56. 00.	"	46. 00.	38. 00.	88. 00.	"	75. 00.	"	
12.........	2. 73.	55. 80.	"	"	38. 00.	87. 25.	"	"	"	
13.........	"	55. 80.	"	"	38. 00.	87. 00.	"	"	"	
14.........	2. 70.	55. 45.	"	"	37. 50.	86. 50.	"	76. 00.	"	
15.........	2. 70.	55. 40.	45. 75.	"	"	86. 00.	73f 00c	"	"	
16.........	"	55. 30.	"	"	37. 00.	84. 00.	"	"	"	
17.........	"	"	"	"	"	"	"	"	"	
18.........	2. 70.	55. 20.	"	"	38. 00.	86. 00.	"	"	"	
19.........	2. 70.	55. 00.	"	"	"	87. 00.	"	"	"	
20.........	"	54. 80.	"	"	38. 00.	87. 00.	"	"	"	
21.........	"	55. 00.	46. 00.	"	37. 50.	86. 00.	"	"	"	
22.........	2. 70.	55. 30.	"	"	"	"	"	"	"	
23.........	2. 75.	55. 70.	"	45. 00.	"	"	"	"	"	
24.........	"	"	"	"	"	"	"	"	"	
25.........	2. 75.	56. 10.	47. 00.	"	"	87. 00.	"	"	"	
26.........	2. 72.	55. 95.	"	"	"	87. 00.	"	"	"	

DATE DU COURS.	DÉSIGNATION DES EFFETS PUBLICS.								OBSERVATIONS.
	BONS et promesse. 2/3.	CINQ p. o/o consolidés	PROVIS.re déposé.	PROVIS.re non déposé.	BONS an VII.	BONS an VIII.	COU-PURES.	RESCRIP-TIONS du domaines.	
AN 10.									
27 prairial...	2f 72c	55f 40c	46f 00c	//	37f 00c	//	//	//	
28.........	//	55. 20.	46. 00.	46f 00c	36. 75.	86f 00c	//	//	
29.........	//	55. 20.	//	//	//	//	//	//	
30.........	//	55. 05.	//	//	36. 50.	86. 00.	//	//	
1.er messidor	//	//	//	//	//	//	//	//	
2.........	//	//	//	//	//	//	//	//	
3.........	//	54. 65.	//	//	//	//	//	76f 00c	
4.........	2. 70.	55. 00.	//	//	35. 00.	//	76f 00c	//	
5.........	//	54. 75.	//	//	34. 50.	//	//	//	
6.........	//	54. 90.	//	//	34. 00.	85. 00.	//	//	
7.........	//	54. 85.	//	//	34. 00.	85. 00.	//	//	
8.........	//	//	//	//	//	//	//	//	
9.........	//	54. 35.	//	//	33. 00.	84. 00.	//	//	
10.........	//	53. 75.	//	//	33. 00.	83. 00.	//	//	
11.........	//	53. 15.	//	//	33. 00.	//	//	//	
12.........	//	54. 20.	//	46. 00.	32. 00.	82. 50.	//	//	
13.........	//	54. 20.	//	//	33. 50.	82. 00.	//	//	
14.........	//	53. 60.	//	//	33. 00.	80. 00.	//	//	
15.........	//	//	//	//	//	//	//	//	
16.........	//	53. 75.	//	//	35. 00.	78. 00.	//	//	
17.........	//	53. 90.	//	47. 00.	37. 00.	//	//	//	
18.........	//	54. 00.	//	//	39. 00.	76. 00.	//	75. 50.	
19.........	//	54. 20.	//	//	//	76. 00.	77. 00.	//	
20.........	//	53. 75.	//	//	39. 00.	79. 00.	//	//	
21.........	//	53. 25.	//	//	//	//	//	//	
22.........	//	//	//	//	//	//	//	//	
23.........	//	53. 25.	//	//	38. 50.	80. 00.	//	//	
24.........	//	52. 90.	//	//	37. 50.	//	//	//	
25.........	//	//	//	//	//	//	//	//	
26.........	2. 55.	52. 80.	//	//	36. 50.	79. 00.	//	//	
27.........	2. 60.	53. 15.	//	//	35. 50.	79. 00.	//	//	
28.........	//	53. 00.	//	//	35. 00.	78. 50.	//	//	
29.........	//	//	//	//	//	//	//	//	
30.........	//	54. 60.	//	//	//	78. 00.	//	//	
1.er thermid.	//	54. 10.	//	//	35. 00.	77. 00.	//	//	
2.........	2. 60.	53. 55.	//	//	35. 00.	77. 00.	//	//	
3.........	2. 60.	53. 50.	//	//	35. 00.	78. 50.	//	//	
4.........	//	53. 15.	//	//	36. 00.	80. 00.	//	//	
5.........	//	53. 30.	//	//	//	79. 50.	//	//	
6.........	//	//	//	//	//	//	//	//	
7.........	//	53. 75.	//	//	36. 00.	//	//	//	
8.........	//	53. 70.	//	//	36. 00.	80. 00.	//	//	
9.........	//	53. 35.	//	//	35. 50.	79. 00.	//	//	
10.........	//	53. 30.	//	//	37. 75.	79. 00.	//	//	
11.........	//	53. 35.	//	//	//	79. 00.	//	//	
12.........	//	53. 30.	//	//	35. 00.	80. 00.	//	//	
13.........	//	//	//	//	//	//	//	//	
14.........	//	53. 10.	//	//	35. 00.	81. 00.	//	//	
15.........	//	53. 20.	//	//	43. 00.	83. 00.	//	//	

DATE DU COURS.	DÉSIGNATION DES EFFETS PUBLICS.								OBSERVATIONS.
	BONS et promesses 2/3.	CINQ p. o/o consolidés	PROVIS.re déposé.	PROVIS.re non déposé.	BONS an VII.	BONS an VIII.	COU- PURES.	RESCRIP- TIONS de Domaines	
AN 10.									
16 thermidor.	n	53f 10c	n	n	44f 00c	85f 00c	n	n	
17.........	n	53. 50.	n	n	44. 00.	86. 00.	n	n	
18.........	n	53. 75.	n	n	n	86. 00.	n	n	
19.........	n	53. 65.	n	n	40. 00.	86. 00.	n	n	
20.........	n	n	n	n	n	n	n	n	
21.........	2f 60c	53. 35.	n	n	41. 00.	84. 00.	n	80f 00c	
22.........	n	n	n	n	n	n	n	n	
23.........	2. 60.	53. 50.	n	n	41. 00.	84. 00.	n	n	
24.........	2. 60.	53. 40.	n	n	40. 50.	84. 00.	n	n	
25.........	n	53. 50.	n	45f 00c	41. 00.	85. 00.	n	n	
26.........	2. 60.	53. 60.	n	n	44. 00.	86. 50.	n	n	
27.........	n	n	n	n	n	n	n	n	
28.........	n	53. 30.	n	n	46. 00.	87. 50.	n	n	
29.........	n	53. 00.	n	n	38. 00.	89. 00.	n	n	
30.........	n	53. 10.	n	n	48. 00.	90. 00.	n	n	
1.er fructid.	n	52. 80.	n	n	n	90. 00.	n	82. 00.	
2.........	2. 55.	52. 25.	n	n	45. 00.	89. 00.	n	n	
3.........	2. 55.	52. 40.	n	n	47. 00.	89. 00.	n	n	
4.........	n	n	n	n	n	n	n	n	
5.........	2. 60.	52. 15.	n	n	48. 00.	91. 00.	n	n	
6.........	n	51. 60.	n	n	49. 00.	n	n	n	
7.........	n	51. 50.	n	n	51. 00.	n	n	86. 00.	
8.........	n	51. 50.	n	n	53. 00	94. 00.	n	n	
9.........	n	51. 25.	n	n	53. 00.	92. 00.	n	86. 00.	
10.........	2. 55.	50. 50.	n	n	n	92. 00	n	n	
11.........	n	n	n	n	n	n	n	n	
12.........	n	n	n	n	n	n	n	n	
13.........	2. 55.	51. 25.	n	n	54. 00.	93. 00.	n	87. 00.	
14.........	n	50. 95.	n	n	53. 25	93. 00.	n	n	
15.........	2. 52.	51. 10.	n	n	53. 00.	92. 50.	n	n	
16.........	2. 55.	52. 00.	n	n	51. 00.	n	n	87. 00	
17.........	n	52. 00.	n	n	51. 00.	92. 50.	n	n	
18.........	n	n	n	n	n	n	n	n	
19.........	2. 52.	51. 90.	n	n	51. 00.	n	80f 00c	n	
20.........	n	52. 60	n	47. 00.	52. 00.	93. 00	n	n	
21.........	2. 55.	52. 50.	n	n	53. 00.	93. 00.	n	n	
22.........	2. 55.	52. 10.	n	n	53. 00.	93. 00.	n	n	
23.........	n	52. 45.	n	n	54. 00.	93. 00.	n	n	
24.........	2. 55.	52. 65.	n	n	55. 00.	93. 00.	n	n	
25.........	n	n	n	n	n	n	n	n	
26.........	n	52. 60.	n	n	59. 00.	93. 00.	n	87. 00.	
27.........	n	52. 40.	n	46. 50.	n	93. 00.	n	n	
28.........	n	52. 80.	n	n	60. 50.	92. 50.	n	n	
29.........	2. 55.	52. 90.	n	n	n	92. 00.	n	n	
30.........	n	52. 75.	n	n	n	92. 00.	n	n	
1.er j.r comp.	n	53. 00.	n	n	59. 50.	92. 00.	n	n	
2.e.........	n	n	n	n	n	n	n	n	
3.e.........	2. 60.	53. 50.	n	n	48. 00.	92. 50.	n	87. 00.	
4.e.........	2. 55.	53. 70.	n	n	48. 00.	62. 00.	n	n	

7

DATE DU COURS.	DÉSIGNATION DES EFFETS PUBLICS.								OBSERVATIONS.
	BONS 3/4.	CINQ p.r o/o.	PROVIS.te non déposé.	BONS an VII.	BONS an VIII.	COU-PURES.	RESCRIP-TIONS de domaines.	BONS de rembour-sement.	
AN 11.									
1.er vendém.	"	"	"	"	"	"	"	"	
2	"	53f 60c	"	61f 50c	92f 50c	"	87f 00c	"	
3	"	53. 75.	"	63. 00.	92. 50.	"	"	2f 60c	
4	"	"	"	"	"	"	"	"	
5	"	53. 60.	"	63. 00.	"	"	"	"	
6	"	53. 30.	"	63. 00.	92. 00.	"	"	2. 65.	
7	"	52. 90.	"	63. 00.	"	"	"	"	
8	"	53. 00.	"	61. 00.	"	"	"	2. 60.	
9	"	53. 25.	"	"	"	"	87. 00.	2. 65.	
10	"	52. 85.	"	"	"	"	"	"	
11	"	"	"	"	"	"	"	"	
12	"	52. 80.	"	"	"	"	"	2. 56.	
13	"	52. 90.	"	"	93. 00.	"	"	2. 56.	
14	"	53. 10.	"	"	"	"	"	2. 60.	
15	"	53. 40.	"	"	"	"	86. 00.	"	
16	"	53. 60.	"	"	92. 00.	"	"	2. 65.	
17	"	54. 00.	"	"	"	"	"	"	
18	"	"	"	"	"	"	"	"	
19	"	53. 80.	"	"	"	"	"	"	
20	"	54. 00.	"	"	"	"	"	2. 65.	
21	"	54. 50.	"	"	"	"	"	"	
22	"	55. 80.	"	59. 00.	"	"	87. 00.	"	
23	"	55. 00.	"	"	"	"	"	2. 65.	
24	"	54. 45.	"	"	"	"	"	"	
25	"	"	"	"	"	"	"	"	
26	"	53. 60.	"	56. 00.	"	"	"	"	
27	"	53. 35.	"	"	"	"	"	"	
28	"	53. 35.	"	"	"	"	87. 00.	2. 65.	
29	"	53. 35.	"	"	"	"	87. 00.	2. 58.	
30	"	53. 10.	"	"	89. 25.	"	"	"	
1.er brum...	"	53. 55.	"	"	"	"	"	"	
2	"	"	"	"	"	"	"	"	
3	"	54. 10.	"	"	92. 00.	"	"	2. 60.	
4	"	54. 50.	"	"	"	"	87. 00.	"	
5	"	54. 00.	47f 00c	57. 00.	"	"	"	"	
6	"	53. 85.	"	"	"	"	87. 00.	"	
7	"	53. 85.	"	"	"	"	"	2. 60.	
8	"	53. 80.	"	"	91. 00.	"	87. 00.	"	
9	"	"	"	"	"	"	"	"	
10	"	"	"	"	"	"	"	"	
11	"	54. 05.	"	46. 00.	90. 50.	"	87. 00.	2. 60.	
12	"	54. 15.	"	49. 00.	"	"	87. 00.	2. 55.	
13	"	54. 00.	"	49. 50.	91. 00.	"	86. 00.	2. 60.	
14	"	54. 05.	47. 00.	50. 00.	92. 00.	85f 00c	87. 00.	"	
15	"	54. 05.	"	50. 00.	91. 00.	"	87. 00.	2. 60.	
16	"	"	"	"	"	"	"	"	
17	"	53. 95.	"	50. 00.	92. 00.	"	87. 00.	"	
18	"	53. 80.	"	49. 00.	"	"	87. 00.	2. 60.	

DATE DU COURS.	BONS 3/4.	CINQ p.r o/o.	PROVIS.re non déposé.	BONS an VII.	BONS an VIII.	COU-PURES.	RESCRIP-TIONS de domaines.	BONS de remboursement.	OBSERVATIONS.
AN 11.									
19 brumaire..	"	53f 90c	"	"	92f 00c	"	87f 00c	"	
20.........	"	54. 00.	"	48f 00c	92. 00.	"	87. 00.	2f 60c	
21.........	"	53. 80.	"	"	92. 00.	"	87. 00.	"	
22.........	"	53. 90.	46f 50c	48. 00.	92. 00.	"	87. 00.	"	
23.........	"	"	"	"	"	"	"	"	
24.........	"	53. 95.	47. 00.	"	92. 00.	"	87. 00.	"	
25.........	"	53. 90.	47. 00.	"	92. 00.	"	87. 00.	"	
26.........	"	53. 75.	46. 50.	48. 00.	92. 00.	"	87. 00.	2. 60.	
27.........	"	53. 40.	"	"	"	"	87. 00.	"	
28.........	"	53. 10.	46. 00.	"	92. 00.	"	88. 00.	"	
29.........	"	53. 20.	"	50. 00.	"	"	88. 00.	"	
30.........	"	"	"	"	"	"	"	"	
1.er frimaire.	"	53. 15.	"	"	"	"	"	2. 60.	
2.........	"	53. 05.	45. 50.	"	"	"	"	"	
3.........	"	53. 15.	"	51. 00.	"	88f 00c	"	2. 60.	
4.........	"	53. 05.	"	51. 00.	92. 00.	"	"	"	
5.........	"	53. 00.	"	"	92. 00.	"	88. 00.	"	
6.........	"	53. 10.	"	50. 50.	"	"	"	"	
7.........	"	"	"	"	"	"	"	"	
8.........	"	53. 00.	"	51. 00.	92. 00.	"	"	"	
9.........	"	53. 15.	"	"	92. 00.	"	"	"	
10.........	"	53. 10.	"	51. 00.	"	"	"	"	
11.........	"	53. 10.	"	51. 00.	"	"	89. 00.	"	
12.........	2. 40.	53. 15.	"	"	"	"	89. 00.	"	
13.........	"	53. 30.	"	"	"	"	90. 00.	"	
14.........	"	"	"	"	"	"	"	"	
15.........	"	53. 30.	"	51. 00.	92. 00.	"	90. 00.	"	
16.........	"	53. 20.	"	"	"	"	90. 00.	"	
17.........	"	52. 90.	"	51. 00.	"	"	90. 00.	"	
18.........	2. 40.	52. 90.	"	"	94. 00.	"	"	2. 50.	
19.........	2. 40.	52. 85.	"	"	94. 00.	"	"	2. 50.	
20.........	"	53. 15.	"	"	"	"	"	"	
21.........	"	"	"	"	"	"	"	"	
22.........	"	53. 40.	"	"	"	"	"	2. 40.	
23.........	"	53. 30.	"	"	94. 00.	"	"	"	
24.........	"	53. 10.	"	"	"	"	"	2. 40.	
25.........	"	53. 10.	"	"	94. 00.	"	91. 00.	"	
26.........	"	53. 45.	"	"	94. 00.	"	"	"	
27.........	"	54. 20.	"	"	"	"	"	"	
28.........	"	"	"	"	"	"	"	"	
29.........	"	55. 10.	"	"	"	"	"	"	
30.........	"	54. 90.	"	"	"	"	"	"	
1.er nivôse..	"	55. 60.	"	"	"	"	"	"	
2.........	"	55. 25.	"	"	"	"	"	"	
3.........	"	56. 00.	"	"	"	"	"	"	
4.........	"	56. 00.	"	"	"	"	"	"	
5.........	"	"	"	"	"	"	"	"	
6.........	"	56. 25.	"	"	"	"	"	1. 55.	

DATE DU COURS.	DÉSIGNATION DES EFFETS PUBLICS.								OBSERVATIONS.
	BONS 3/4.	CINQ p.r o/o.	PROVIS.re non dépo é.	BONS an VII.	BONS an VIII.	COU-PURES.	RESCRIP-TIONS de domaines.	BONS de rembour-sement.	
AN II.									
7 nivôse....	"	55f 90c	"	51f 00c	94f 00c	"	91f 00c	"	
8........	"	56. 00.	"	"	"	"	"	"	
9........	"	56. 60.	47f 00c	"	"	"	"	2f 60c	
10........	"	57. 00.	"	50. 00.	94. 00.	"	"	2. 60.	
11........	"	56. 40.	"	"	"	"	"	"	
12........	"	"	"	"	"	"	"	"	
13........	"	56. 90.	47. 00.	"	"	"	"	"	
14........	"	56. 85.	"	"	"	"	"	"	
15........	"	56. 50.	"	"	"	"	"	"	
16........	"	56. 35.	"	"	"	90f 00c	"	"	
17........	"	56. 25.	"	51. 00.	96. 00.	"	"	"	
18........	"	56. 10.	"	51. 00.	"	89. 50.	"	"	
19........	"	"	"	"	"	"	"	"	
20........	"	56. 10.	"	"	"	"	"	"	
21........	"	"	"	"	"	"	"	"	
22........	"	56. 30.	"	49. 00.	"	"	"	"	
23........	"	56. 20.	"	50. 00.	96. 00.	"	"	"	
24........	"	56. 30.	"	"	97. 00.	"	"	"	
25........	"	56. 40.	"	"	"	"	"	2. 60.	
26........	"	"	"	"	"	"	"	"	
27........	"	56. 75.	"	"	97. 00.	"	"	"	
28........	"	56. 90.	"	"	"	"	"	"	
29........	"	57. 00.	"	"	"	"	"	2. 70.	
30........	"	57. 00.	"	"	"	"	"	"	
1.er pluviose.	"	57. 00.	"	"	"	"	"	"	
2........	"	56. 95.	"	"	"	"	"	"	
3........	"	"	"	"	"	"	"	"	
4........	"	57. 25.	"	"	"	"	"	"	
5........	"	57. 40.	"	50. 00.	97. 00.	"	"	"	
6........	"	57. 25.	"	"	"	"	"	2. 70.	
7........	"	57. 25.	"	"	"	"	"	"	
8........	"	57. 50.	50. 00.	"	"	"	"	"	
9........	"	57. 75.	"	49. 00.	97. 00.	"	"	"	
10........	"	"	"	"	"	"	"	"	
11........	"	57. 80.	"	"	"	"	"	"	
12........	"	58. 20.	50. 00.	"	"	"	"	2. 80.	
13........	"	59. 00.	"	"	"	"	"	2. 80.	
14........	"	59. 75.	"	"	"	"	"	"	
15........	"	58. 80.	"	"	"	"	"	"	
16........	"	58. 85.	"	"	"	"	90. 00.	2. 80.	
17........	"	"	"	"	"	"	"	"	
18........	"	59. 30.	"	50. 00.	"	"	91. 00.	"	
19........	"	59. 05.	"	50. 00.	96. 00.	"	"	"	
20........	"	58. 65.	"	49. 50.	"	"	"	"	
21........	"	59. 00.	51. 00.	49. 50.	95. 00.	"	"	2. 80.	
22........	"	58. 80.	"	"	95. 00.	"	"	2. 80.	
23........	"	58. 80.	"	"	"	"	"	2. 80.	
24........	"	"	"	"	"	"	"	"	

DATE DU COURS.	DÉSIGNATION DES EFFETS PUBLICS.								OBSERVATIONS.
	BONS 3/4.	CINQ p.r c/o.	PROVIS.re non déposé.	BONS an VII.	BONS an VIII.	COU-PURES.	RESCRIP-TIONS de domaines.	BONS de rembour-sement.	
AN 11.									
25 pluviôse..	"	59f 00c	"	"	"	"	"	"	
26.........	"	59. 15.	"	"	"	"	"	"	
27.........	"	59. 50.	50f 00c	"	95f 00c	"	"	2f 70c	
28.........	"	59. 70.	"	50f 00c	"	"	"	"	
29.........	"	59. 90.	"	"	95. 50.	"	"	"	
30.........	"	60. 50.	"	50. 00.	"	"	"	"	
1.er ventôse.	"	"	"	"	"	"	"	"	
2.........	"	60. 80.	"	50. 00.	"	"	"	"	
3.........	"	60. 75.	"	"	"	"	"	"	
4.........	"	61. 00.	"	"	"	"	"	2. 80.	
5.........	"	61. 70.	"	51. 00.	"	"	"	2. 80.	
6.........	"	62. 75.	"	52. 00.	"	"	"	2. 85	
7.........	"	63. 00.	"	54. 00.	"	"	"	"	
8.........	"	"	"	"	"	"	"	"	
9.........	"	64. 60.	"	58. 00.	"	"	"	"	
10.........	"	64. 00.	"	60. 00.	"	"	"	2. 95.	
11.........	"	64. 60.	"	63. 00.	"	"	"	"	
12.........	"	65. 30.	"	68. 00.	"	"	"	"	
13.........	"	66. 60.	"	67. 00.	"	"	"	3. 00.	
14.........	"	65. 90.	"	"	"	"	"	3. 00.	
15.........	"	"	"	"	"	"	"	"	
16.........	"	64. 00.	"	65. 00.	"	"	"	"	
17.........	"	62. 50.	"	"	"	"	"	"	
18.........	"	62. 80.	"	65. 00.	"	"	90f 00c	3. 00.	
19.........	"	61. 50.	"	"	"	"	91. 00.	"	
20.........	"	62. 00.	"	65. 00.	"	"	91. 00.	"	
21.........	"	61. 20.	"	"	"	"	"	"	
22.........	"	"	"	"	"	"	"	"	
23.........	"	60. 00.	"	"	"	"	91. 00.	"	
24.........	"	60. 50.	"	"	"	"	"	"	
25.........	"	58. 75.	"	"	"	"	"	"	
26.........	"	59. 80.	"	"	"	"	91. 00.	"	
27.........	"	61. 25.	"	"	96. 00.	"	"	"	
28.........	"	59. 75.	"	"	"	"	"	"	
29.........	"	"	"	"	"	"	"	"	
30.........	"	56. 50.	"	"	"	"	"	"	
1.er germinal.	"	57. 00.	"	"	"	"	"	"	
2.........	"	56. 25.	"	"	"	"	"	"	
3.........	"	56. 00.	"	"	"	"	"	"	
4.........	"	55. 50.	"	"	95. 00.	"	"	"	
5.........	"	55. 15.	"	"	"	"	91. 00.	"	
6.........	"	"	"	"	"	"	91. 00.	"	
7.........	"	53. 25.	"	"	"	"	91. 00.	"	
8.........	"	52. 75.	"	"	95. 00.	"	91. 00.	"	
9.........	"	53. 00.	"	60. 00.	95. 00.	"	91. 00.	2. 40	
10.........	"	52. 75.	"	63. 00.	"	"	91. 00.	"	
10.........	"	52. 25.	"	61. 00.	"	"	91. 00.	2. 35.	
12.........	"	52. 60.	"	61. 00.	"	"	91. 00.	"	

DATE DU COURS.	DÉSIGNATION DES EFFETS PUBLICS.								OBSERVATIONS.
	BONS 3/4.	CINQ p.r o/o.	PROVIS.re non déposé.	BONS an VII.	BONS an VIII.	COU-PURES.	RESCRIP-TIONS de domaines.	BONS de rembour-sement.	
AN 11.									
13 germinal..	"	"	"	"	"	"	"	"	
14	"	54f 00c	"	"	"	"	91f 00c	"	
15	"	54. 00.	"	"	"	"	91. 00.	"	
16	"	56. 25.	"	63f 00c	"	"	91. 00.	"	
17	"	55. 40.	"	"	"	"	91. 00.	"	
18	"	55. 00.	"	"	"	"	91. 00.	"	
19	"	55. 00.	"	"	"	"	91. 00.	"	
20	"	"	"	"	"	"	"	"	
21	"	54. 75.	"	63. 00.	"	"	91. 00.	"	
22	"	55. 25.	"	64. 00.	95f 00c	"	91. 00.	1f 50c	
23	"	54. 50.	"	64. 50.	"	"	91. 00.	"	
24	"	54. 10.	"	"	"	"	91. 00.	"	
25	"	54. 40.	"	"	"	"	91. 00.	"	
26	"	54. 30.	"	"	94. 00.	"	91. 00.	"	
27	"	"	"	"	"	"	"	"	
28	"	53. 20.	"	"	"	"	91. 00.	"	
29	"	53. 75.	"	"	"	"	91. 00.	"	
30	"	53. 75.	"	"	"	"	91. 00.	2. 50.	
1.er floréal	"	53. 60.	"	"	"	"	91. 00.	"	
2	"	54. 25.	"	"	"	"	91. 00.	2. 50.	
3	"	54. 10.	"	"	"	"	91. 00.	"	
4	"	"	"	"	"	"	"	"	
5	"	55. 00.	"	"	"	"	91. 00.	"	
6	"	54. 15.	"	"	95. 00.	"	91. 00.	"	
7	"	53. 50.	"	"	"	"	91. 00.	"	
8	"	53. 30.	"	"	"	"	91. 00.	"	
9	"	53. 00.	"	"	"	"	91. 00.	"	
10	"	53. 60.	"	"	"	"	91. 00.	2. 50.	
11	"	"	"	"	"	"	"	"	
12	"	53. 25.	"	"	"	"	91. 00.	"	
13	"	53. 25.	"	"	"	"	91. 00.	"	
14	"	53. 20.	"	"	"	"	91. 00.	"	
15	"	54. 30.	"	"	"	"	91. 00.	"	
16	"	54. 50.	"	"	"	"	91. 00.	"	
17	"	54. 80.	"	"	"	"	91. 00.	"	
18	"	"	"	"	"	"	"	"	
19	"	55. 00.	"	"	"	"	91. 00.	2. 50.	
20	"	53. 40.	"	"	"	"	91. 00.	"	
21	"	53. 60.	"	"	"	"	91. 00.	"	
22	"	52. 80.	"	"	"	"	91. 00.	"	
23	"	51. 30.	"	"	"	"	91. 00.	"	
24	"	52. 80.	"	"	"	"	91. 00.	"	
25	"	"	"	"	"	"	"	"	
26	"	52. 80.	"	"	"	"	91. 00.	"	
27	"	52. 40.	"	"	"	"	91. 00.	"	
28	"	51. 80.	"	"	"	"	91. 00.	"	
29	"	"	"	"	"	"	"	"	
30	"	50. 60.	"	"	"	"	91. 00.	2. 30.	

DATE DU COURS.	DÉSIGNATION DES EFFETS PUBLICS.								OBSERVATIONS.
	BONS 3/4.	CINQ p.r o/o.	PROVIS.re non déposé.	BONS an VII.	BONS an VIII.	COU-PURES.	DESCRIP-TIONS de domaines.	BONS de rembour-sement.	
AN 11.									
1.er prairial.	//	50f 40c	//	//	//	//	91f 00c	//	
2	//	//	//	//	//	//	//	//	
3	//	48. 40.	//	//	//	//	91. 00.	/	
4	//	48. 15	//	//	//	//	91. 00.	//	
5	//	47. 50.	//	//	//	//	91. 00.	//	
6	//	47. 50.	//	63f 00c	//	//	91. 00.	2f 60c	
7	//	47. 80.	//	//	//	//	91. 00.	//	
8	//	48. 50.	//	//	//	//	91. 00.	//	
9	//	//	//	//	//	//	//	//	
10	//	48. 20.	//	//	//	//	91. 00	//	
11	//	48. 00.	//	//	//	//	91. 00.	//	
12	//	48. 10.	//	//	//	//	91. 00.	//	
13	//	48. 30.	//	//	//	//	91. 00.	//	
14	//	48. 25.	//	//	//	//	91. 00.	//	
15	//	49. 25.	//	//	//	//	91. 00.	//	
16	//	//	//	//	//	//	//	//	
17	//	49. 25.	//	//	//	//	91. 00.	//	
18	//	48. 50.	//	//	//	//	91. 00.	//	
19	//	48. 15.	//	//	//	//	91. 00.	2. 40.	
20	//	48. 60.	//	//	//	//	91. 00.	//	
21	//	49. 00.	//	63. 00.	//	//	91. 00	//	
22	//	49. 30.	//	61. 00.	95f 00c	//	91. 00	//	
23	//	//	//	//	//	//	//	//	
24	//	49. 60.	//	//	//	//	91. 00.	//	
25	//	49. 35.	//	61. 00.	//	//	91. 00.	//	
26	//	49. 25.	//	//	//	//	91. 00.	//	
27	//	48. 90.	//	//	//	//	91. 00.	//	
28	//	49. 10.	//	//	//	//	91. 00.	//	
29	//	49. 15.	//	//	//	//	91. 00.	//	
30	//	//	//	//	//	//	//	//	
1.er messidor.	//	49. 00.	//	//	//	//	91. 00.	//	
2	//	49. 10.	//	61. 00.	//	//	91. 00.	//	
3	//	49. 95.	//	60. 00.	//	//	91. 00.	//	
4	//	49. 75	//	//	//	//	91. 00.	//	
5	//	49. 55.	//	//	//	//	91. 00.	//	
6	//	50. 00.	//	//	//	//	91. 00.	//	
7	//	//	//	//	//	//	//	//	
8	//	49. 75.	//	//	//	//	91. 00.	//	
9	//	49. 95.	//	//	//	//	91. 00.	//	
10	//	50. 00.	//	//	//	//	91. 00.	//	
11	//	50. 35.	//	//	//	//	91. 00.	2. 35.	
12	//	50. 80.	//	60. 00.	//	//	91. 00.	//	
13	//	50. 80.	//	60. 00.	//	//	91. 00.	2. 30.	
14	//	//	//	//	//	//	//	//	
15	//	51. 60.	//	//	//	//	91. 00.	//	
16	//	52. 10.	//	//	//	//	91. 00.	//	
17	//	51. 75.	//	//	//	//	91. 00.	//	
18	//	51. 40.	//	//	//	//	91. 00.	2. 45.	

DATE DU COURS.	DÉSIGNATION DES EFFETS PUBLICS.								OBSERVATIONS.
	BONS 3/4.	CINQ p.r o/o.	PROVIS.re non déposé.	BONS an VII.	BONS an VIII.	COU-PURES.	RESCRIP-TIONS de domaines.	BONS de rembour-sement.	
An 11.									
19 messidor..	"	51f 70c	"	"	"	"	"	91f 00c	2f 45c	
20	"	52. 00.	"	"	"	"	"	91. 00.	"
21	"	"	"	"	"	"	"	"	"
22	"	52. 10.	"	"	"	"	"	91. 00.	"
23	"	51. 60.	"	"	"	"	"	91. 00.	"
24	"	52. 25.	"	"	"	"	"	91. 00.	"
25	"	"	"	"	"	"	"	"	"
26	"	52. 10.	"	"	"	"	"	91. 00.	2. 45.
27	"	52. 30.	"	"	"	"	"	91. 00.	"
28	"	"	"	"	"	"	"	"	"
29	"	52. 50.	"	60f 00c	"	"	"	91. 00.	"
30	"	52. 90.	"	"	"	"	"	91. 00.	"
1.er thermid.	"	53. 30.	"	60. 00.	"	"	"	9.. 00.	"
2	"	52. 90.	"	"	"	96f 50c	"	91. 00.	2. 45.
3	"	52. 60.	"	"	"	"	"	91. 00.	"
4	"	52. 45.	"	"	"	"	"	91. 00.	"
5	"	"	"	"	"	"	"	"	"
6	"	51. 85.	"	"	"	"	"	91. 00.	"
7	"	52. 75.	"	"	"	"	"	91. 00.	"
8	"	53. 45.	"	60. 00.	"	"	"	91. 00.	"
9	"	53. 30.	"	"	"	"	"	91. 00.	"
10	"	53. 30.	"	"	"	"	"	91. 00.	"
11	"	53. 30.	"	"	"	"	"	91. 00.	"
12	"	"	"	"	"	"	"	"	"
13	"	53. 45.	"	"	"	"	"	91. 00.	"
14	"	53. 40.	"	"	"	"	"	91. 00.	"
15	"	53. 20.	"	"	"	"	"	91. 00.	"
16	"	53. 50.	"	60. 00.	90. 00.	"	"	91. 00.	"
17	"	53. 60.	"	"	"	"	"	"	"
18	"	53. 70.	"	"	90. 00.	"	"	91. 00.	2. 45.
19	"	"	"	"	"	"	"	"	"
20	"	54. 65.	"	"	"	"	"	91. 00.	"
21	"	54. 70.	"	58. 00.	"	"	"	91. 00.	2. 50.
22	"	55. 00.	"	"	"	"	"	91. 00.	"
23	"	55. 40.	"	"	"	"	"	91. 00.	"
24	"	55. 00.	50f 00c	"	"	"	"	91. 00.	"
25	"	54. 80.	"	"	"	"	"	91. 00.	"
26	"	"	"	"	"	"	"	"	"
27	"	"	"	"	"	"	"	"	"
28	"	53. 75.	"	"	"	"	"	91. 00.	"
29	"	53. 80.	"	"	"	"	"	91. 00.	"
30	"	54. 60.	"	"	"	"	"	91. 00.	"
1.er fructidor	"	55. 60.	"	58. 00.	"	"	"	91. 00.	"
2	"	55. 75.	"	58. 00.	"	"	"	91. 00.	2. 60.
3	"	"	"	"	"	"	"	"	"
4	"	55. 50.	"	58. 00.	"	"	"	91. 00.	"
5	"	55. 00.	"	"	"	"	"	91. 00.	"
6	"	55. 10.	"	"	"	"	"	91. 00.	"

DATE DU COURS.	DÉSIGNATION DES EFFETS PUBLICS.								OBSERVATIONS.
	BONS 3/4.	CINQ p.r o/o.	PROVIS.re non déposé.	BONS an VII.	BONS an VIII.	COU-PURES.	RESCRIP-TIONS de domaines	BONS de rembour-sement.	
An 11.									
7 fructidor..	"	55^f 00^c	"	58^f 00^c	"	"	91^f 00^c	"	
8.........	"	55. 00.	"	"	"	"	91. 00.	"	
9.........	"	54. 60	"	"	"	"	91. 00.	"	
10.........	"	"	"	"	"	"	"	"	
11.........	"	"	"	"	"	"	"	"	
12.........	"	54. 25.	"	58. 00.	"	"	91. 00.	"	
13.........	"	54. 35.	"	"	"	"	91. 00.	"	
14.........	"	54. 30.	"	"	"	"	91. 00.	"	
15.........	"	54. 20.	"	"	97^f 00^c	"	91. 00.	2/ 50^c	
16.........	"	54. 35.	49^f 50^c	"	"	"	91. 00.	"	
17.........	"	54. 50.	"	"	"	"	91. 00.	2. 50.	
18.........	"	"	"	"	"	"	"	"	
19.........	"	54. 65.	"	"	"	"	91. 00.	"	
20.........	"	54. 70.	"	"	"	"	91. 00.	"	
21.........	"	54. 60.	"	"	"	"	91. 00.	"	
22.........	"	54. 75.	48. 00.	"	"	"	91. 00.	"	
23.........	"	54. 90.	"	55. 00.	"	"	91. 00.	"	
24.........	"	54. 75.	"	"	"	"	91. 00.	"	
25.........	"	"	"	"	"	"	"	"	
26.........	"	52. 25.	"	"	"	"	91. 00.	"	
27.........	"	52. 25.	"	56. 00.	"	"	91. 00.	"	
28.........	"	52. 50.	"	"	"	"	91. 00.	2. 48.	
29.........	"	52. 50.	"	"	"	"	91. 00.	"	
30.........	"	52. 40.	"	"	"	"	91. 00.	"	
1.er compl..	"	52. 50.	"	56. 00.	"	"	91. 00.	"	
2.........	"	"	"	"	"	"	"	"	
3.........	"	52. 00.	"	"	"	"	91. 00.	"	
4.........	"	51. 50.	51. 00.	"	"	"	91. 00.	"	
5.........	"	51. 60.	"	"	"	"	91. 00.	"	
An 12.									
1.er vendém.	"	"	"	"	"	"	"	"	
2.........	"	"	"	"	"	"	"	"	
3.........	"	52. 25.	"	"	"	"	91. 00.	"	
4.........	"	52. 40.	"	"	"	"	91. 00.	"	
5.........	"	52. 25.	"	"	"	"	91. 00.	"	
6.........	"	52. 10.	"	"	"	"	91. 00.	"	
7.........	"	52. 10.	"	"	"	"	91. 00.	"	
8.........	"	52. 00.	"	"	"	"	91. 00.	"	
9.........	"	"	"	"	"	"	"	"	
10.........	"	51. 85.	"	"	"	"	91. 00.	"	
11.........	"	52. 10.	"	"	"	"	91. 00.	"	
12.........	"	52. 30.	"	"	"	"	91. 00.	"	
13.........	"	52. 15.	"	"	"	"	91. 00.	"	
14.........	"	52. 15.	"	"	"	"	91. 00.	"	
15.........	"	52. 15.	"	"	"	"	91. 00.	"	
16.........	"	"	"	"	"	"	"	"	
17.........	2^f 00^c	52. 10.	"	"	"	"	91. 00.	"	

8

DATE DU COURS.	DÉSIGNATION DES EFFETS PUBLICS.							OBSERVATIONS.
	BONS 3/4.	CINQ p.r o/o.	PROVIS.re non déposé.	BONS an VII.	BONS an VIII.	RESCRIP-TIONS de domaines.	BONS de rembour-sement.	
An 12.								
18 vendém..	"	52f 15c	"	"	"	91f 00c	"	
19.........	"	52. 15.	"	"	"	91. 00.	"	
20.........	"	52. 25.	"	"	"	91. 00.	"	
21.........	"	52. 30.	"	"	"	91. 00	"	
22........	"	52. 20.	"	"	"	91. 00.	"	
23.........	"	"	"	"	"	"	"	
24.........	"	52. 10.	"	"	"	91. 00.	"	
25.........	"	51. 75.	"	"	"	91. 00.	"	
26.........	"	5 . 50.	"	"	"	91. 00.	"	
27.........	"	51. 65.	"	"	"	91. 00.	"	
28.........	"	51. 70	"	"	"	91. 00.	"	
29.........	"	51. 80.	"	"	"	91. 00.	"	
30.........	"	"	"	"	"	"	"	
1.er brumaire	"	51. 70.	"	45f 00c	90f 00c	91. 00.	2f 40c	
2.........	1f 90c	51. 40.	"	"	"	91. 00.	"	
3.........	"	51. 40.	"	"	"	91. 00.	"	
4.........	"	51. 75.	"	"	"	91. 00.	2. 50.	
5.........	"	51. 55.	46f 00c	"	"	91. 00	"	
6.........	"	51. 30.	"	"	"	91. 00.	"	
7.........	"	"	"	"	"	"	"	
8.........	"	51. 60.	"	"	"	91. 00.	"	
9.........	"	"	"	"	"	"	"	
10.........	"	51. 60.	"	"	"	91. 00.	"	
11.........	"	51. 45.	"	"	"	91. 00.	"	
12.........	"	51. 30.	"	"	"	91. 00.	"	
13.........	"	51. 30.	"	"	"	91. 00.	"	
14.........	"	"	"	"	"	"	"	
15.........	"	51. 30.	"	"	"	91. 00.	"	
16.........	"	51. 25.	"	"	"	91. 00.	"	
17.........	"	51. 10.	"	"	"	91. 00.	"	
18.........	"	51. 20.	"	"	"	91. 00.	"	
19.........	"	51. 20.	"	"	"	91. 00.	"	
20.........	"	51. 50.	"	"	90. 00.	91. 00.	2. 37.	
21.........	"	"	"	"	"	"	"	
22.........	"	52. 75.	"	"	"	91. 00.	"	
23.........	"	52. 50.	"	"	"	91. 00.	"	
24.........	"	52. 15.	"	"	"	91. 00.	"	
25.........	"	52. 10.	"	"	"	91. 00.	"	
26.........	"	51. 65.	"	"	"	91. 00.	"	
27.........	"	52. 00.	"	"	"	91. 00.	2. 35.	
28.........	"	"	"	"	"	"	"	
29.........	"	51. 8.	"	"	"	91. 00.	"	
30.........	"	51. 8.	"	"	"	91. 00.	"	
1.er frimaire.	"	51. 60.	"	"	"	91. 00.	"	
2.........	"	5. 75.	"	"	"	91. 00.	"	
3.........	"	51. 75.	"	45. 00.	90. 00.	91. 00.	"	
4.........	"	51. 65.	"	"	"	91. 00.	"	
5.........	"	"	"	"	"	"	"	

DATE DU COURS.	DÉSIGNATION DES EFFETS PUBLICS.							OBSERVATIONS.
	BONS 3/4.	CINQ p.r c/o.	PROVIS.re non déposé.	BONS an VII.	BONS an VIII.	RESCRIP-TIONS de domaines	BONS de rembour-sement.	
An 12.								
6 frimaire..	//	51f 65c	//	//	#	91f 00c	//	
7	//	51. 65.	//	//	8of 00c	91. 00.	//	
8	//	51. 70.	//	//	//	91. 00.	//	
9	//	51. 90.	//	//	//	91. 00	//	
10	//	51. 75.	//	//	//	91. 00.	//	
11	//	51. 55.	//	//	//	91. 00.	//	
12	//	//	//	//	//	»	//	
13	//	51. 60.	//	//	//	91. 00.	2f 35c	
14	//	51. 70.	//	//	//	91. 00.	//	
15	//	51. 65.	//	//	//	91. 00.	//	
16	//	51. 65.	//	//	//	91. 00.	//	
17	//	51. 65.	//	//	//	91. 00.	//	
18	//	51. 80.	//	//	//	91. 00.	//	
19	//	//	//	//	//	//	//	
20	//	51. 95.	//	//	//	91. 00.	//	
21	//	51. 95.	//	//	//	91. 00.	//	
22	//	51. 90.	//	//	//	91. 00.	//	
23	//	51. 80.	//	//	//	91. 00.	//	
24	//	51. 85	//	//	//	91. 00.	//	
25	//	51. 95.	//	//	//	91. 00.	//	
26	//	//	//	//	//	//	//	
27	//	52. 10.	//	//	//	91. 00.	2. 35	
28	//	52. 30.	//	//	//	91. 00.	//	
29	//	52. 35.	//	//	//	91. 00.	//	
30	//	52. 50.	//	//	//	91. 00.	2. 50.	
1.er nivôse..	//	52. 35.	//	//	//	91. 00.	//	
2	//	52. 75.	//	//	//	91. 00.	//	
3	//	//	//	//	//	//	//	
4	//	52. 75.	//	//	//	91. 00	//	
5	//	52. 70.	//	//	//	91. 00.	//	
6	//	53. 00.	//	//	//	91. 00.	//	
7	//	53. 45.	//	//	80. 00.	91. 00.	2. 40.	
8	//	53. 75.	//	//	//	91. 00.	//	
9	//	53. 65.	//	//	//	91. 00.	2. 40.	
10	//	//	//	//	//	//	//	
11	//	54. 20.	//	//	//	91. 00.	//	
12	//	54. 20.	//	//	//	91. 00.	//	
13	//	53. 80.	//	//	//	91. 00	//	
14	//	53. 80.	//	//	//	91. 00.	//	
15	//	54. 20.	//	//	//	91. 00.	//	
16	//	54. 25.	//	//	80. 00.	91. 00.	//	
17	//	//	//	//	//	//	//	
18	//	54. 30.	//	//	//	91. 00.	//	
19	//	54. 55.	//	//	//	91. 00.	//	
20	//	54. 95.	//	//	//	91. 00.	//	
21	//	55. 35.	//	//	//	91. 00.	//	
22	//	55. 30.	//	//	//	91. 00.	//	
23	//	54. 75.	//	//	//	91. 00.	//	

DATE DU COURS.	DÉSIGNATION DES EFFETS PUBLICS.							OBSERVATIONS.
	BONS 3/4.	CINQ p.o o/o.	PROVIS.re non déposé.	BONS an VII.	BONS an VIII.	RESCRIP-TIONS de domaines.	BONS de remboursement.	
AN 12.								
24 nivôse....	"	"	"	"	"	"	"	
25.........	"	54f 80c	"	"	"	91f 00c	"	
26.........	"	54. 85.	"	"	"	91. 00.	2f 50c	
27.........	"	55. 40.	"	"	"	91. 00.	"	
28.........	"	55. 90.	"	"	"	91. 00.	"	
29.........	"	55. 50.	"	"	"	91. 00.	"	
30.........	"	55. 90.	"	"	"	91. 00.	"	
1.er pluviôse.	"	"	"	"	"	"	"	
2.........	"	55. 85.	"	"	"	91. 00.	"	
3.........	"	55. 40.	"	"	"	91. 00.	"	
4.........	"	55. 00.	"	"	"	91. 00.	"	
5.........	"	55. 20.	"	"	"	91. 00.	"	
6.........	"	55. 30.	"	"	"	91. 00.	2f 50c	
7.........	"	55. 30.	"	"	"	91. 00.	"	
8.........	"	"	"	"	"	"	"	
9.........	"	55. 25.	"	"	"	91. 00.	2. 50.	
10.........	"	55. 50.	"	"	"	91. 00.	2. 50.	
11.........	"	55. 45.	"	"	"	91. 00.	2. 50.	
12.........	"	55. 40.	"	"	"	91. 00.	"	
13.........	"	55. 80.	"	"	"	91. 00.	"	
14.........	"	55. 90.	"	"	"	91. 00.	"	
15.........	"	"	"	"	"	"	"	
16.........	"	56. 00.	"	"	"	91. 00.	2. 60.	
17.........	"	57. 00.	"	"	"	91. 00.	"	
18.........	"	57. 70.	"	"	"	91. 00.	"	
19.........	"	57. 00.	"	"	"	91. 00.	"	
20.........	"	57. 25.	"	"	"	91. 00.	"	
21.........	"	57. 25.	"	"	"	91. 00.	"	
22.........	"	"	"	"	"	"	"	
23.........	"	57. 70.	"	"	"	91. 00.	"	
24.........	"	58. 30.	"	40f 00c	"	91. 00.	"	
25.........	"	57. 90.	"	"	"	91. 00.	"	
26.........	"	58. 00.	"	"	"	91. 00.	"	
27.........	"	57. 30.	"	"	"	91. 00.	"	
28.........	"	57. 10.	"	"	"	91. 00.	"	
29.........	"	"	"	"	"	"	"	
30.........	"	57. 70.	"	"	"	91. 00.	"	
1.er ventôse.	"	57. 30.	"	"	"	91. 00.	"	
2.........	"	58. 40.	"	"	"	91. 00.	"	
3.........	"	57. 85.	"	"	"	91. 00.	"	
4.........	"	57. 50.	"	"	"	91. 00.	"	
5.........	"	58. 30.	"	"	"	91. 00.	"	
6.........	"	"	"	"	"	"	"	
7.........	"	58. 35.	"	"	"	91. 00.	"	
8.........	"	58. 10.	"	"	"	91. 00.	"	
9.........	"	57. 75.	"	"	"	91. 00.	"	
10.........	"	57. 80.	"	"	"	91. 00.	"	
11.........	"	57. 25.	"	"	"	91. 00.	"	

DATE DU COURS.	DÉSIGNATION DES EFFETS PUBLICS.							OBSERVATIONS.
	BONS 3/4.	CINQ p.r o/o.	PROVIS.re non déposé.	BONS an VII.	BONS an VIII.	RESCRIP-TIONS de domaines.	BONS de rembour-sement.	
AN 12.								
12 vensôse...	"	57f 40c	"	"	"	91f 00c	"	
13	"	u	"	"	"	"	"	
14	"	57. 25.	"	"	"	91. 00.	"	
15	"	57. 30.	"	"	"	91. 00.	"	
16	"	57. 85.	"	"	"	91. 00.	2f 65c	
17	"	58. 00.	"	"	"	91. 00.	"	
18	"	57. 70.	"	"	"	91. 00.	"	
19	"	55. 50.	"	"	80f 00c	91. 00.	"	
20	"	"	"	"	"	"	"	
21	"	55. 25.	"	"	"	91. 00.	"	
22	"	55. 25.	"	30f 00c	"	91. 00.	"	
23	"	55. 00.	"	"	"	91. 00.	"	
24	"	54. 75.	"	"	"	91. 00.	"	
25	"	54. 80.	"	30. 00.	"	91. 00.	"	
26	"	54. 80.	"	"	"	91. 00.	"	
27	"	"	"	"	"	"	"	
28	"	54. 50.	"	"	"	91. 00.	"	
29	"	54. 50.	"	"	"	91. 00.	"	
30	"	53. 60.	"	"	"	91. 00.	"	
1.er germin.	"	52. 60.	"	"	"	91. 00.	"	
2	"	52. 80.	"	"	"	91. 00.	"	
3	"	52. 50.	"	"	"	91. 00.	"	
4	"	"	"	"	"	"	"	
5	"	52. 35.	"	"	"	91. 00.	"	
6	"	53. 65.	"	"	"	91. 00.	"	
7	"	54. 30.	"	"	"	91. 00.	"	
8	"	54. 20.	"	"	"	91. 00.	"	
9	"	54. 30.	"	"	"	91. 00.	"	
10	"	54. 70.	"	"	"	91. 00.	"	
11	"	"	"	"	"	"	"	
12	"	54. 80.	"	"	"	91. 00.	"	
13	"	54. 70.	"	"	"	91. 00.	"	
14	"	54. 60.	"	30. 00.	"	91. 00.	2. 50.	
15	"	54. 60.	"	32. 00.	"	91. 00.	"	
16	"	54. 60.	"	"	"	91. 00.	"	
17	"	54. 50.	"	"	"	91. 00.	2. 45.	
18	"	"	"	"	"	"	"	
19	"	54. 50.	"	"	"	91. 00.	"	
20	"	54. 40.	"	"	50. 00.	91. 00.	"	
21	"	54. 20.	"	"	"	91. 00.	2. 55.	
22	"	54. 05.	"	"	"	91. 00.	"	
23	"	54. 25.	"	30. 00.	"	91. 00.	"	
24	"	54. 60.	"	"	"	91. 00.	"	
25	"	"	"	"	"	"	"	
26	"	54. 65.	"	"	"	91. 00.	"	
27	"	54. 70.	"	"	"	91. 00.	"	
28	"	54. 85.	"	"	"	91. 00.	"	
29	"	54. 90.	"	"	"	91. 00.	"	

DATE DU COURS.	DÉSIGNATION DES EFFETS PUBLICS.							OBSERVATIONS.
	BONS 3/4.	CINQ p.r o/o.	PROVIS.re non déposé	BONS an VII.	BONS an VIII.	RESCRIP- TIONS de Domaines	BONS de rembour- sement.	
AN 12.								
30 germinal..	"	54f 65c	"	"	"	91f 00c	"	
1.er floréal....	"	54. 60.	"	"	"	91. 00.	"	
2........	"	"	"	"	"	"	"	
3........	"	54. 55.	"	"	"	91. 00.	2f 65c	
4........	"	54. 50.	"	"	"	91. 00.	"	
5........	"	54. 80.	"	"	"	91. 00.	"	
6........	"	55. 45.	"	"	"	91. 00.	"	
7........	"	55. 25.	"	"	"	91. 00.	"	
8........	"	55. 25.	"	"	"	91. 00.	"	
9........	"	"	"	"	"	"	"	
10........	"	55. 45.	"	"	"	91. 00.	"	
11........	"	55. 40.	"	"	"	91. 00.	"	
12........	"	55. 30.	"	"	"	91. 00.	"	
13........	"	55. 45.	"	"	"	91. 00.	"	
14........	"	56. 00.	"	"	"	91. 00.	"	
15........	"	56. 60.	"	"	"	91. 00.	"	
16........	"	"	"	"	"	"	"	
17........	"	57. 50.	"	"	"	91. 00.	"	
18........	"	57. 90.	"	"	"	91. 00.	"	
19........	"	57. 70.	"	"	"	91. 00.	"	
20........	"	"	"	"	"	"	"	
21........	"	58. 00.	"	"	"	91. 00.	"	
22........	"	59. 25.	"	"	"	91. 00.	2. 80.	
23........	"	"	"	"	"	"	"	
24........	"	59. 50.	"	"	"	91. 00.	"	
25........	"	58. 25.	"	"	"	91. 00.	"	
26........	"	57. 40.	"	"	"	91. 00.	"	
27........	"	57. 50.	"	"	"	91. 00.	"	
28........	"	57. 90.	"	"	"	91. 00.	"	
29........	"	57. 50.	"	"	"	91. 00.	"	
30........	"	"	"	"	"	"	"	
1.er prairial..	"	57. 75.	"	"	"	91. 00.	"	
2........	"	57. 60.	"	"	"	91. 00.	"	
3........	"	57. 50.	"	"	"	91. 00.	"	
4........	"	57. 50.	"	"	"	91. 00.	"	
5........	"	57. 60.	"	"	"	91. 00.	"	
6........	"	57. 55.	"	"	"	91. 00.	"	
7........	"	"	"	"	"	"	"	
8........	"	57. 45.	"	"	"	91. 00.	"	
9........	"	57. 40.	"	"	"	91. 00.	"	
10........	"	57. 40.	"	"	"	91. 00.	"	
11........	"	57. 50.	"	"	"	91. 00.	"	
12........	"	57. 40.	"	"	"	91. 00.	"	
13........	"	57. 25.	"	"	"	91. 00.	"	
14........	"	"	"	"	"	"	"	
15........	"	57. 20.	"	"	"	91. 00.	"	
16........	"	57. 75.	"	"	"	91. 00.	"	
17........	"	57. 80.	"	"	"	91. 00.	"	

DATE DU COURS.	BONS 3/4.	CINQ p.r o/o.	PROVIS.r non déposé.	BONS an VII.	BONS an VIII.	RESCRIP- TIONS de domaines.	BONS de rembour- ement.	OBSERVATIONS.
AN 12.								
18 prairial...	//	5e7 90c	//	//	//	91f 90c	//	
19.........	//	57. 75.	//	//	//	91. 00.	//	
20.........	//	57. 75.	//	//	//	91. 00.	//	
21.........	//	//	//	//	//	//	//	
22.........	//	57. 75.	//	//	//	91. 00.	//	
23.........	//	57. 70.	//	//	//	91. 00.	//	
24.........	//	57. 60.	//	//	//	91. 90.	//	
25.........	//	57. 40.	//	//	//	91. 00.	//	
26.........	//	57. 60	//	//	//	91. 00.	//	
27.........	//	57. 60.	//	//	//	91. 00.	//	
28.........	//	//	//	//	//	//	//	
29.........	//	57. 50.	//	//	//	91. 00.	//	
30.........	//	57. 45.	//	//	//	91. 00	//	
1er messidor.	//	57. 45.	//	//	//	91. 00.	//	
2.........	//	57. 35.	//	//	//	91. 00.	//	
3.........	//	57. 50.	//	//	//	91. 00.	//	
4.........	//	57. 90.	//	//	//	91. 00.	//	
5.........	//	//	//	//	//	//	//	
6.........	//	58. 15.	//	//	//	91. 00.	//	
7.........	//	58. 30.	//	//	//	91. 00.	//	
8.........	//	58. 65.	//	//	//	91. 00.	//	
9.........	//	58. 90.	//	//	//	91. 00.	2f 75c	
10.........	//	59. 00.	//	//	//	91. 00.	//	
11.........	//	58. 45.	//	//	//	91. 00.	//	
12.........	//	//	//	//	//	//	//	
13.........	//	58. 60.	//	//	//	91. 00.	//	
14.........	//	58. 50.	//	//	//	91. 00	//	
15.........	//	58. 40.	//	//	//	91. 00.	//	
16.........	//	58. 50.	//	//	//	91. 00.	//	
17.........	//	58. 50.	//	//	//	91. 00.	//	
18.........	//	58. 65.	//	//	//	91. 00.	//	
19.........	//	//	//	//	//	//	//	
20.........	//	58. 75.	//	//	//	91. 00.	//	
21.........	//	59. 00.	//	//	//	91. 00.	//	
22.........	//	59. 25.	//	//	//	91. 00	//	
23.........	//	59. 10.	//	//	//	91. 00.	//	
24.........	//	59 00.	//	//	//	91. 00.	2. 70.	
25.........	//	59. 10.	//	//	//	91. 00.	//	
26.........	//	//	//	//	//	//	//	
27.........	//	59. 05.	48f 00c	//	//	91. 00.	//	
28.........	//	59. 30.	//	//	//	91. 00.	//	
29.........	//	59. 50.	//	//	//	91. 00.	2. 75.	
30.........	//	59. 30.	//	//	//	91. 00.	//	
1.er thermid.	//	59. 45.	//	//	//	91. 00.	//	
2.........	//	59. 20.	//	//	//	91. 00.	//	
3.........	//	//	//	//	//	//	//	
4.........	//	59. 20.	//	//	//	91. 00.	//	
5.........	//	59. 60.	//	//	//	91. 00.	2. 75.	

DATE	DÉSIGNATION DES EFFETS PUBLICS.							OBSERVATIONS.
DU COURS.	BONS 3/4.	CINQ p.r o/o.	PROVIS.re non déposé.	BONS au VII.	BONS an VIII.	RESCRIP- TIONS de domaines.	BONS de rembour- sement.	
AN 12.								
6 thermidor.	"	59f 75c	"	"	"	91f 00c	"	
7.........	"	59. 70.	"	"	"	91. 00.	"	
8.........	"	59. 10.	"	"	"	91. 00.	"	
9.........	"	58. 80.	"	"	"	91. 00.	"	
10.........	"	"	"	"	"	"	"	
11.........	"	58. 40.	"	"	"	91. 00.	"	
12.........	"	57. 40.	"	"	"	91. 00.	"	
13.........	"	57. 80.	"	"	"	91. 00.	"	
14.........	"	57. 60.	"	"	"	91. 00.	2f 65c	
15.........	"	57. 30.	"	"	"	91. 00.	"	
16.........	"	57. 25.	"	"	50f 00c	91. 00.	"	
17.........	"	"	"	"	"	"	"	
18.........	"	57. 00.	"	"	"	91. 00.	"	
19.........	"	57. 10.	"	"	"	91. 00.	"	
20....!....	"	57. 55.	"	"	"	91. 00.	"	
21.........	"	57. 50.	"	"	"	91. 00.	"	
22.........	"	57. 40.	"	"	"	91. 00.	"	
23.........	"	57. 25.	"	"	"	91. 00.	2. 75.	
24.........	"	"	"	"	"	"	"	
25.........	"	56. 70.	"	"	"	91. 00.	"	
26.........	"	56. 40.	"	"	"	91. 00.	2. 68.	
27.........	"	"	"	"	"	"	"	
28.........	"	56. 60.	"	"	"	91. 00.	"	
29.........	"	56. 40.	"	"	"	91. 00.	2. 65.	
30.........	"	56. 35.	"	"	"	91. 00.	"	
1.er fructid.r	"	"	"	"	"	"	"	
2.........	"	55. 95.	"	"	"	91. 00.	"	
3.........	"	55. 90.	"	"	"	91. 00.	2. 70.	
4.........	"	56. 30.	"	"	"	91. 00.	"	
5.........	"	56. 90.	"	"	"	91. 00.	2. 60.	
6.........	"	56. 35.	"	"	"	91. 00.	"	
7.........	"	57. 25.	"	"	50. 00.	91. 00.	2. 60.	
8.........	"	"	"	"	"	"	"	
9.........	"	57. 30.	"	"	50. 00.	91. 00.	"	
10.........	"	57. 40.	"	"	"	91. 00	"	
11.........	"	57. 10.	"	"	"	91. 00.	"	
12.........	"	56. 60.	"	"	"	91. 00.	"	
13.........	"	56. 60.	"	"	"	91. 00.	"	
14.........	"	56. 60.	"	"	"	91. 00.	"	
15.........	"	"	"	"	"	"	"	
16.........	"	56. 45.	"	"	"	91. 00.	"	
17.........	"	56. 40.	"	"	"	91. 00.	"	
18.........	"	56. 55.	"	"	"	91. 00.	"	
19.........	"	56. 60.	"	"	"	91. 00.	"	
20.........	"	56. 90.	"	"	"	91. 00.	"	
21.........	"	56. 90.	"	"	"	91. 00.	"	
22.........	"	"	"	"	"	"	"	
23.........	"	56. 80.	"	"	"	91. 00.	"	

DATE DU COURS.	BONS 3/4.	CINQ p.r o/o	PROVIS.re non déposé.	BONS an VII.	BONS an VIII.	INSCRIP. TIONS de domaines.	BONS de remboursement.	OBSERVATIONS.
AN 12.								
24 fructidor..	"	56¹ 80ᶜ	"	"	"	91¹ 00ᶜ	"	
25........	"	54. 50.	"	"	"	91. 00	"	
26........	"	54. 50.	"	"	"	91. 00.	"	
27........	"	54. 50.	"	"	"	91. 00.	"	
28........	"	54. 30.	"	"	"	91. 00	"	
29........	"	"	"	"	"	91. 00	"	
30........	"	54. 30.	"	"	"	91. 00.	"	
1.ᵉʳ j.ʳ comp.	"	54. 45.	"	"	"	91. 00.	"	
2........	"	54. 75.	"	"	"	91. 00.	"	
3........	"	54. 80.	"	"	"	91. 00.	"	
4........	"	54. 55.	"	"	"	91. 00.	"	
5........	"	"	"	"	"	"	"	
AN 13.								
1.ᵉʳ vend.ʳᵉ..	"	"	"	"	"	"	"	
2........	"	54. 65.	"	"	"	91. 00.	"	
3........	"	54. 85.	"	"	"	91. 00.	"	
4........	"	55. 50	"	"	"	91. 00.	"	
5........	"	55. 40.	"	"	"	91. 00.	"	
6........	"	55. 55.	"	"	"	91. 00.	"	
7........	"	55. 60.	"	"	",	91. 00.	"	
8........	"	55. 50.	"	"	"	"	"	
9........	"	"	"	"	"	"	"	
10........	"	56. 10.	"	"	"	91. 00.	"	
11........	"	56. 20.	"	"	"	91. 00	"	
12........	"	56. 40.	"	"	"	91. 00.	"	
13........	"	56. 90.	"	"	"	91. 00	"	
14........	"	56. 80.	"	"	"	91. 00.	"	
15........	"	"	"	"	"	"	"	
16........	"	56. 75.	"	"	"	91. 00.	"	
17........	"	56. 70	"	"	"	91. 00.	"	
18........	"	55. 60.	"	"	"	91. 00.	"	
19........	"	57. 00.	"	"	"	91. 00.	"	
20........	"	57. 15	"	"	"	91. 00.	"	
21........	"	57. 50.	"	"	"	91. 00.	"	
22........	"	"	"	"	"	"	"	
23........	"	57. 85	"	"	"	91. 00.	"	
24........	"	57. 50.	"	"	"	91. 00.	"	
25........	"	57. 40.	"	"	"	91. 00.	"	
26........	"	57. 50.	"	"	"	91. 00.	"	
27........	"	57. 55.	"	"	"	91. 00.	"	
28........	"	57. 50.	"	"	"	91. 00.	"	
29........	"	"	"	"	"	"	"	
30........	"	57. 60.	"	"	"	91. 00.	"	
1.ᵉʳ brum.ʳᵉ.	"	58. 40.	"	"	"	91. 00.	"	
2........	"	58. 40.	"	"	"	91. 00.	"	
3........	"	58. 50.	"	"	"	91. 00.	"	
4........	"	"	"	"	"	"	"	

9

DATE DU COURS.	DÉSIGNATION DES EFFETS PUBLICS.					OBSERVATIONS.
	CINQ p.r o/o.	PROVIS.re non déposé.	BONS an VII.	RESCRIP-TIONS de domaines.	BONS de rembour-sement.	
AN 13.						
5 brumaire..	59f 20c	//	//	91f 00c	//	
6.........	//	//	//	//	//	
7.........	58. 90.	//	//	91. 00.	//	
8.........	58. 25.	//	//	91. 00.	//	
9.........	58. 00.	//	//	91. 00.	//	
10.........	//	//	//	//	//	
11.........	58. 30.	//	//	91. 00	//	
12.........	58. 45.	//	//	91. 00.	//	
13.........	//	//	//	//	//	
14.........	58. 00.	//	//	91. 00.	//	
15.........	58. 30.	//	//	91. 00.	//	
16.........	59. 00.	//	//	91. 00.	//	
17.........	58. 70.	//	//	91. 00.	//	
18.........	58. 75.	//	//	91. 00.	//	
19.........	58. 80.	//	//	91. 00.	//	
20.........	//	//	//	//	//	
21.........	58. 50.	//	//	91. 00.	//	
22.........	58. 65.	//	//	91. 00.	//	
23.........	58. 50.	//	//	91. 00.	//	
24.........	58. 25.	//	//	91. 00.	//	
25.........	58. 60.	//	//	91. 00.	//	
26.........	58. 80.	//	//	91. 00.	//	
27.........	//	//	//	//	//	
28.........	58. 80.	//	//	91. 00.	//	
29.........	58. 90.	//	//	91. 00.	//	
30.........	59. 05.	//	//	91. 00.	//	
1.er frimaire.	59. 10.	//	//	91. 00.	//	
2.........	59. 00.	//	//	91. 00.	//	
3.........	59. 00.	//	//	91. 00.	2f 70c	
4.........	//	//	//	//	//	
5.........	//	//	//	//	//	
6.........	58. 60.	//	//	91. 00.	//	
7.........	58. 40.	//	//	91. 00.	//	
8.........	58. 40.	//	//	91. 00.	//	
9.........	58. 50.	//	//	91. 00.	1	
10.........	57. 95.	//	//	91. 00.	//	
11.........	//	//	//	//	//	
12.........	58. 00.	//	//	91. 00.	//	
13.........	57. 80.	//	//	91. 00.	//	
14.........	//	//	//	//	//	
15.........	57. 40.	//	//	91. 00.	//	
16.........	57. 20.	//	//	71. 00.	//	
17.........	57. 20.	//	//	91. 00.	//	
18.........	//	//	//	//	//	
19.........	57. 50.	//	//	91. 00.	//	
20.........	57. 85.	//	//	91. 00.	//	
21.........	58. 00.	//	//	91. 00.	//	
22.........	58. 10.	//	//	91. 00.	//	

DATE DU COURS.	DÉSIGNATION DES EFFETS PUBLICS.					OBSERVATIONS.
	CINQ p.t o/o	PROVIS.re non déposé.	BONS an VIII.	RESCRIP-TIONS de domaines.	BONS de rembour-sement.	
AN 13.						
23 frimaire..	58f 40c	"	"	91f 00c	"	
24	58. 70.	"	"	91. 02.	"	
25	"	"	"	"	"	
26	58. 50.	"	"	"	"	
27	58. 30.	"	"	91. 00.	"	
28	58. 00.	"	"	91. 00.	"	
29	57. 70.	"	"	91. 00.	"	
30	58. 00.	"	"	91. 00.	"	
1.er nivôse	57. 60.	"	"	91. 00.	"	
2	"	"	"	"	"	
3	57. 80.	"	"	"	"	
4	"	"	"	91. 00.	"	
5	58. 15.	"	"	91. 00.	"	
6	58. 20.	"	"	91. 00.	"	
7	58. 15.	"	"	91. 00.	"	
8	58. 00.	"	"	91. 00.	2f 70c	
9	60. 20.	"	"	91. 00.	"	
10	58. 00.	"	"	91. 00.	"	
11	"	"	"	"	"	
12	57. 55.	"	"	91. 00.	"	
13	57. 40.	"	"	91. 00	"	
14	57. 90.	"	"	91. 00.	2. 60.	
15	57. 95.	"	"	91. 00.	"	
16	"	"	"	"	"	
17	57. 85.	"	"	91. 00.	"	
18	57. 75.	"	"	91. 00.	"	
19	57. 75.	44f 00c	"	91. 00.	"	
20	57. 70.	"	"	91. 00.	"	
21	57. 70.	"	"	91. 00.	"	
22	57. 85.	"	"	91. 00.	"	
23	"	"	"	"	"	
24	57. 95.	"	"	91. 00.	2. 80.	
25	50. 10.	"	"	91. 00.	"	
26	57. 80.	"	"	91. 00.	"	
27	57. 75.	"	"	91. 00.	"	
28	57. 80.	"	"	91. 00.	"	
29	58. 20.	"	"	91. 00.	"	
30	"	"	"	"	"	
1.er pluviôse.	58. 10.	"	"	91. 07.	"	
2	57. 85.	"	"	91. 00.	"	
3	58. 15.	"	"	91. 00.	"	
4	58. 25.	"	"	91. 00.	"	
5	58. 45.	"	"	91. 00.	"	
6	58. 50.	"	"	91. 00.	"	
7	"	"	"	"	"	
8	58. 25.	"	"	91. 00.	"	
9	58. 40.	"	"	91. 00.	2. 80.	
10	58. 60.	"	"	91. 00.	"	

DATE DU COURS.	DÉSIGNATION DES EFFETS PUBLICS.					OBSERVATIONS.
	CINQ p. o/o.	PROVIS.re non déposé.	BONS an VIII.	RESCRIP-TIONS de domaines	BONS de rembour-sement.	
AN 13.						
11 pluviôse..	58f 75c	"	"	91f 00c	2f 75c	
12	58. 50.	"	"	91. 00.	"	
13	59. 15.	"	"	91. 00.	"	
14	"	"	"	"	"	
15	58. 70.	"	"	91. 00.	"	
16	59. 10.	"	"	91. 00.	"	
17	59. 10.	"	"	91. 00.	o	
18	59. 00.	"	"	91. 00.	"	
19	59. 15.	"	"	91. 00.	"	
20	59. 50.	"	"	91. 00.	"	
21	"	"	"	"	"	
22	59. 90.	"	"	91. 00.	"	
23	60. 10.	"	"	91. 00.	"	
24	60. 85.	"	"	91. 00.	"	
25	61. 30.	"	"	91. 00.	"	
26	60. 35.	"	"	91. 00.	"	
27	60. 70.	"	"	91. 99.	"	
28	"	"	"	"	"	
29	60. 90.	"	"	91. 00.	"	
30	61. 40.	"	"	91. 00.	"	
1.er ventôse.	61. 50.	"	"	91. 00.	"	
2	61. 50.	"	"	91. 00.	"	
3	61. 50.	"	"	91. 00.	"	
4	61. 60.	"	"	91. 00.	"	
5	"	"	"	"	"	
6	62. 25.	"	"	91. 00.	"	
7	62. 15.	"	"	91. 00.	"	
8	62. 00.	"	"	91. 00.	"	
9	62. 00.	"	"	91. 00.	"	
10	61. 40.	"	"	91. 00.	"	
11	60. 90.	"	"	91. 00.	"	
12	"	"	"	o	"	
13	61. 05.	"	"	91. 00.	"	
14	60. 75.	"	"	91. 00.	"	
15	60. 75.	"	"	91. 00.	"	
16	60. 80.	"	"	91. 00.	"	
17	60. 90.	"	"	91. 00.	o	
18	61. 00.	"	"	91. 00.	"	
19	"	"	"	"	"	
20	59. 00.	"	"	91. 00.	"	
21	59. 15.	"	"	91. 00.	"	
22	59. 10.	47f 00c	"	91. 00.	"	
23	59. 00.	"	"	91. 00.	"	
24	59. 10.	"	"	91. 00.	"	
25	59. 05.	"	"	91. 00.	"	
26	"	"	"	"	"	
27	59. 00.	"	"	91. 00.	"	
28	59. 00.	"	"	91. 00.	"	

DATE DU COURS.	CINQ P. o/o.	PROVIS.re non déposé.	BONS an VIII.	RESCRIPTIONS de domaines.	BONS de remboursement.	OBSERVATIONS.
AN 13.						
29 ventôse...	59f 00c	"	"	91f 00c	"	
30.........	58. 90.	"	"	91. 00.	"	
1.er germinal.	58. 60.	"	"	91. 00.	"	
2.........	58. 50.	"	o	91. 00.	"	
3.........	"	"	"	"	"	
4.........	59. 00.	"	"	91 00.	"	
5.........	58. 85.	"	"	91. 00.	"	
6.........	58. 60.	"	"	91. 00.	"	
7.........	58. 5.	"	"	91. 00.	"	
8.........	58. 50.	"	"	91. 00.	"	
9.........	58. 05.	"	"	91. 00.	2f 70c	
10.........	"	"	"	"	"	
11.........	57. 90.	"	"	91. 00.	"	
12.........	58. 10.	"	"	91. 00.	2. 80.	
13.........	58. 00.	"	"	91. 00.	"	
14.........	57. 90.	"	"	91. 00.	"	
15.........	57. 80.	"	"	91. 00.	"	
16.........	57. 80.	"	"	91. 00	"	
17.........	"	"	"	"	"	
18.........	57. 50.	"	"	91. 00.	"	
19.........	57. 40.	"	"	91. 00.	"	
20.........	57. 30.	"	"	91. 00.	"	
21.........	57. 60.	"	"	91. 00.	"	
22.........	57. 40.	"	"	91. 00.	"	
23.........	57. 30.	"	"	91. 00.	"	
24.........	"	"	"	"	"	
25.........	57. 10.	"	"	91. 02.	"	
26.........	56. 75.	"	"	91. 00.	"	
27.........	56. 80.	"	"	91. 00.	3. 50.	
28.........	56. 90.	"	"	91. 00.	"	
29.........	56. 75.	"	"	91. 00.	"	
30.........	56. 90.	"	"	91. 00.	"	
1.er floréal..	"	"	"	"	"	
2.........	57. 35.	"	"	91. 00.	"	
3.........	57. 50.	"	"	91. 00.	"	
4.........	58. 35.	"	o	91. 00.	"	
5.........	58. 40.	"	"	91. 00.	"	
6.........	58. 35.	"	"	91. 00.	"	
7.........	58. 40.	"	"	91. 00.	"	
8.........	"	"	"	"	"	
9.........	58. 40.	"	"	91. 00.	"	
10.........	58. 20.	"	"	91. 00.	"	
11.........	58. 35.	"	"	91. 00.	"	
12.........	58. 40.	"	"	91. 00.	"	
13.........	58. 60.	"	"	91. 00.	"	
14.........	58. 65.	"	"	91. 00.	"	
15.........	"	"	"	"	"	
16.........	58. 90.	"	"	91. 00.	"	

DATE DU COURS.	DÉSIGNATION DES EFFETS PUBLICS.					OBSERVATIONS.
	CINQ p.r o/o.	PROVIS.re non déposé.	BONS an VIII.	RESCRIP- TIONS de domaines.	BONS de rembour- sement.	
AN 13.						
17 floréal....	58f 90c	"	"	91f 00c	"	
18........	58. 80.	"	"	91. 00.	"	
19........	58. 85.	"	"	91. 00.	o	
20........	58. 90.	"	"	91. 00.	"	
21........	59. 00.	"	"	91. 00.	2f 75c	
22........	"	"	"	"	"	
23........	59. 30.	"	"	91. 00.	"	
24........	59. 60.	"	"	91. 00	"	
25........	59. 30.	"	"	91. 00.	"	
26........	59. 30.	"	"	91. 00.	"	
27........	59. 50.	"	"	91. 00.	"	
28........	59. 30.	"	"	91. 00.	"	
29........	"	"	"	"	"	
30........	59. 35.	"	"	91. 00.	"	
1.er prairial.	59. 50.	"	"	91. 00.	o	
2........	59. 30.	"	"	91. 00.	"	
3........	"	"	"	"	"	
4........	59. 25.	"	"	91. 03.	"	
5........	60. 00.	"	"	91. 00.	"	
6........	"	"	"	"	"	
7........	60. 50.	o	"	91. 00.	"	
8........	60. 60.	"	"	91. 00.	"	
9........	60. 70.	"	"	91. 00.	"	
10........	60. 45.	"	"	91. 00.	"	
11........	60. 80.	"	"	91. 00.	"	
12........	61. 20.	"	"	91. 00.	"	
13........	"	"	"	"	"	
14........	61. 35.	"	"	91. 00.	"	
15........	61. 75.	"	"	91. 00.	"	
16........	61. 50.	"	"	91. 00.	"	
17........	61. 55.	"	"	91. 00.	"	
18........	61. 50.	"	"	9.. 00.	b/	
19........	60. 60.	"	"	91. 00.	"	
20........	"	"	"	"	"	
21........	60. 30.	"	"	01. 00.	"	
22........	60. 75.	"	"	91. 00.	"	
23........	60. 70.	"	"	91. 00.	"	
24........	60. 35.	"	"	91. 00.	"	
25........	60. 65.	"	"	91. 00.	"	
26........	60. 90.	"	"	91. 00.	"	
27........	"	"	"	"	"	
28........	60. 85.	"	"	91. 00.	"	
29........	60. 80.	"	"	91. 00.	"	
30........	61. 20.	"	"	91. 00.	"	
1.er messidor.	61. 60.	"	"	91. 00.	"	
2........	61. 75.	"	"	91. 00.	"	
3........	62. 15.	31f 00c	"	91. 00.	"	
4........	"	"	"	"	"	

DATE DU COURS.	DÉSIGNATION DES EFFETS PUBLICS.					OBSERVATIONS.
	CINQ p.r o/o.	PROVIS.re non dép.sé.	BONS an VIII.	RESCRIP-TIONS de domaines.	BONS de remboursement.	
AN 13.						
5 messidor.	6.f 90c	"	"	91f 00c	"	
6	61. 75.	"	"	91. 00.	"	
7	61. 90.	"	"	91. 00.	"	
8	62. 00.	"	"	91. 00.	"	
9	62. 15.	"	"	91. 00.	"	
10	62. 10.	"	"	91. 00.	"	
11	"	"	"	"	"	
12	62. 05.	"	"	91. 00.	"	
13	62. 00.	"	"	91. 00.	"	
14	61. 90.	"	"	91. 00.	"	
15	61. 90.	"	"	91. 00.	"	
16	62. 00.	"	"	91. 00.	"	
17	62. 25.	"	"	91. 00.	"	
18	"	"	q	"	"	
19	62. 50.	"	o	91. 00.	"	
20	62. 50.	"	"	91. 00.	"	
21	62. 50.	"	"	91. 00.	"	
22	62. 50.	"	"	91. 00.	"	
23	62. 00	"	"	91. 00.	"	
24	61. 70.	"	"	91. 00.	"	
25	"	"	"	"	"	
26	61. 80.	"	"	91. 00.	"	
27	61. 80.	"	"	91. 00.	"	
28	62. 05.	"	"	91. 00.	2f 90c	
29	61. 80.	"	"	91. 00.	"	
30	61. 80.	52f 00c	"	91. 00.	"	
1.er thermid.	61. 90.	52. 00.	"	91. 00.	"	
2	"	"	"	"		
3	61. 85.	"	"	91. 00.	"	
4	61. 30.	"	"	91. 00.	"	
5	61. 00.	"	"	91. 00.	"	
6	61. 00.	"	"	91. 00.	"	
7	61. 20.	"	"	91. 00.	"	
8	61. 15.	"	"	91. 00.	"	
9	"	"	"	"	"	
10	61. 40.	"	"	91. 00.	"	
11	61. 90.	"	"	91. 00.	"	
12	62. 10.	"	"	91. 00.	"	
13	61. 90.	"	"	91. 00.	"	
14	61. 50.	"	"	91. 00.	"	
15	61. 60.	"	"	91. 00.	"	
16	"	"	"	"	"	
17	61 70.	"	"	91. 00.	3. 15.	
18	61. 90.	"	"	91. 00.	"	
19	61. 90.	"	"	91. 00.	"	
20	61. 70.	"	"	91. 00.	"	
21	61. 60.	"	"	91. 00.	3. 15.	
22	61. 85.	"	"	91. 00.	"	

DATE DU COURS.	DÉSIGNATION DES EFFETS PUBLICS.					OBSERVATIONS.
	CINQ p.r o/o.	PROVIS.re non déposé.	BONS an VIII.	RESCRIPTIONS de domaines.	BONS de remboursement.	
AN 13.						
23 thermidor.	"	"	"	"	"	
24.........	61f 85c	"	"	91f 00c	3f 15c	
25.........	61. 90.	"	"	91. 00.	"	
26.........	61. 90.	"	"	91. 00.	"	
27.........	"	"	"	"	"	
28.........	61. 50.	"	"	91. 00.	"	
29.........	61. 50.	"	"	91. 00.	"	
30.........	"	"	"	"	"	
1.er fructidor	61. 25.	"	"	91. 00.	"	
2.........	61. 35.	"	"	91. 00.	"	
3.........	61. 35.	"	"	91. 00.	"	
4.........	61. 35.	"	"	91. 00.	"	
5.........	61. 25.	"	"	91. 00.	"	
6.........	61. 20.	"	"	91. 00.	3. 15.	
7.........	"	"	"	"	"	
8.........	61. 15.	"	"	91. 00.	"	
9.........	61. 00.	"	"	91. 00.	"	
10.........	60. 25.	"	"	91. 00.	"	
11.........	59. 75.	"	"	91. 00.	"	
12.........	59. 75.	"	"	91. 00.	"	
13.........	58. 15.	"	"	91. 00.	"	
14.........	"	"	"	"	"	
15.........	58. 15.	"	"	91. 00.	"	
16.........	58. 80.	"	"	91. 00.	"	
17.........	58. 70.	"	20f 00c	91. 00.	"	
18.........	58. 90.	"	"	91. 00.	"	
19.........	58. 70.	"	"	91. 00.	"	
20.........	58. 40.	"	"	91. 00.	"	
21.........	"	"	"	"	"	
22.........	58. 10.	"	"	91. 00.	"	
23.........	58. 00.	"	"	91. 00.	"	
24.........	55. 85.	"	"	91. 00.	"	
25.........	55. 75.	"	"	91. 00.	"	
26.........	55. 00.	"	"	91. 00.	"	
27.........	54. 55.	"	"	91. 00.	"	
28.........	"	"	"	"	"	
29.........	53. 70.	"	"	91. 00.	"	
30.........	53. 00.	"	"	91. 00.	"	
1.er j.r compl.	53. 50.	"	"	91. 00.	"	
2.........	52. 60.	"	"	91. 00.	"	
3.........	52. 00.	"	"	91. 00.	"	
4.........	52. 60.	"	"	91. 00.	"	
5.........	"	"	"	"	"	
AN XIV.						
1.er vendém.	"	"	"	"	"	
2.........	53. 00.	"	"	91. 00.	"	
3.........	53. 35.	"	"	91. 00.	"	

DATE DU COURS.	DÉSIGNATION DES EFFETS PUBLICS.					OBSERVATIONS.
	CINQ p.r o/o.	PROVIS.re non déposé.	BONS' an VIII.	RESCRIP-TIONS de domaines.	BONS de rembour-sement	
AN 14.						
4 vendém..	54f 50c	//	//	91f 00c	//	
5........	55. 25.	//	//	91. 00.	//	
6........	54. 50.	//	//	91. 00.	//	
7........	//	//	//	91. 00.	//	
8........	//	//	//	//	//	
9........	54. 85.	//	//	91. 00.	//	
10.......	55. 00.	//	//	91. 00.	//	
11.......	54. 75.	//	//	91. 00.	//	
12.......	54. 80.	//	//	91. 00.	//	
13.......	55. 00.	//	//	91. 00.	//	
14.......	55. 75.	//	//	91. 00.	//	
15.......	//	//	//	//	//	
16.......	56. 00.	//	//	91. 00.	//	
17.......	56. 00.	//	//	91. 00.	//	
18.......	56. 75.	//	//	91. 00.	//	
19.......	55. 80.	//	//	91. 00.	//	
20.......	56. 00.	//	//	91. 00.	//	
21.......	56. 60.	//	//	91. 00.	//	
22.......	//	//	//	//	//	
23.......	58. 70.	//	//	91. 00.	//	
24.......	58. 90.	//	//	91. 00.	//	
25.......	58. 80.	//	//	91. 00.	//	
26.......	59. 40.	//	//	91. 00.	//	
27.......	59. 20.	//	//	91. 00.	//	
28.......	59. 15.	//	//	91. 00.	//	
29.......	//	//	//	//	//	
30.......	58. 25.	//	//	91. 00.	//	
1.er brumaire.	59. 15.	//	//	91. 00.	//	
2........	59. 80.	//	//	91. 00.	//	
3........	61. 25.	//	//	91. 00.	//	
4........	61. 25.	//	//	91. 00.	//	
5........	62. 10.	//	//	91. 00.	//	
6........	//	//	//	//	//	
7........	63. 30.	//	//	91. 00.	//	
8........	62. 50.	//	//	91. 00.	//	
9........	61. 25.	//	//	91. 00.	//	
10.......	60. 50.	//	//	91. 00.	//	
11.......	//	//	//	//	//	
12.......	61. 25.	//	//	91. 00.	//	
13.......	//	//	//	//	//	
14.......	60. 00.	//	//	91. 00.	//	
15.......	60. 00.	//	//	91. 00.	//	
16.......	59. 00.	//	//	91. 00.	//	
17.......	59. 25.	//	//	91. 00.	//	
18.......	60. 00.	//	//	91. 00.	//	
19.......	60. 40.	//	//	//	//	
20.......	58. 80.	//	//	91. 00.	//	
21.......	61. 00.	//	//	91. 00.	//	
	61. 25.	//	//	91. 00.	//	

10

DATE DU COURS.	DÉSIGNATION DES EFFETS PUBLICS.					OBSERVATIONS.
	CINQ p.r o/o.	PROVIS.re non déposé.	BONS an VIII.	RESCRIPTIONS de domaines.	BONS de remboursement.	
AN 14.						
22 brumaire.	61f 75c	//	//	91f 00c	//	
23.........	62. 00.	//	//	91. 00.	//	
24.........	62. 10.	//	//	91. 00.	//	
25.........	62. 00.	//	//	91. 00.	//	
26.........	//	//	//	//	//	
27.........	61. 40.	//	//	91. 00.	//	
28.........	61. 40.	//	//	91. 00.	//	
29.........	61. 30.	//	//	91. 00.	//	
30.........	60. 80.	//	//	91. 00.	//	
1.er frimaire.	60. 40.	//	//	91. 00.	//	
2.........	59. 50.	//	//	91. 00.	//	
3.........	//	//	//	//	//	
4.........	60. 40.	//	//	91. 00.	//	
5.........	61. 20.	//	//	91. 00.	//	
6.........	60. 70.	//	//	91. 00.	//	
7.........	60. 60.	//	//	91. 00.	//	
8.........	60. 40.	//	//	91. 00.	//	
9.........	60. 10.	//	//	91. 00.	//	
10.........	//	//	//	//	//	
11.........	59. 50.	//	//	91. 00.	//	
12.........	60. 75.	//	//	91. 00.	//	
13.........	60. 40.	//	//	91. 00.	//	
14.........	60. 40.	//	//	91. 00.	//	
15.........	60. 10.	//	//	91. 00.	//	
16.........	60. 20.	//	//	61. 00.	//	
17.........	//	//	//	//	//	
18.........	60. 00.	//	//	91. 00.	//	
19.........	59. 75.	//	//	91. 00.	//	
20.........	60. 40.	//	//	91. 00.	//	
21.........	60. 30.	//	//	91. 00.	//	
22.........	59. 75.	//	//	91. 00.	//	
23.........	59. 85.	//	//	91. 00.	//	
24.........	//	//	//	//	//	
25.........	60. 60.	//	//	91. 00.	//	
26.........	60. 65.	//	//	91. 00.	//	
27.........	59. 85.	//	//	91. 00.	//	
28.........	59. 30.	//	//	91. 00.	//	
29.........	59. 50.	//	//	91. 00.	//	
30.........	60. 15.	//	//	91. 00.	//	
1.er nivôse.	//	//	//	//	//	
2.........	60. 30.	//	//	91. 00.	//	
3.........	60. 40.	//	//	91. 00.	//	
4.........	//	//	//	//	//	
5.........	60. 40.	//	//	91. 00.	//	
6.........	60. 30.	//	//	91. 00.	//	
7.........	60. 40.	//	//	91. 00.	//	
8.........	//	//	//	//	//	
9.........	60. 00.	//	//	91. 00.	//	
10.........	60. 40.	//	//	01. 00.	//	

DATE	DÉSIGNATION DES EFFETS PUBLICS.			OBSERVATIONS.
DU COURS.	Cinq p.r o/o.	Rescriptions de domaines.	Bons de remboursement.	
AN 1806.				
1.er janvier.	//	//	//	
2.........	60f 60c	91f 00c	//	
3.........	60. 50.	91. 00.	//	
4.........	61. 00.	91. 00.	//	
5.........	//	//	//	
6.........	60. 70.	91. 00.	//	
7.........	60. 70.	91. 00.	//	
8.........	60. 75.	91. 00.	//	
9.........	60. 65.	91. 00.	//	
10.........	60. 75.	91. 00.	//	
11.........	60. 75.	91. 00.	//	
12.........	//	//	//	
13.........	60. 80.	91. 00.	//	
14.........	61. 25.	91. 00.	//	
15.........	61. 50.	91. 00.	//	
16.........	61. 50.	91. 00.	//	
17.........	61. 80.	91. 00.	//	
18.........	62. 50.	91. 00.	//	
19.........	//	//	//	
20.........	62. 35.	91. 00.	//	
21.........	62. 15.	91. 00.	//	
22.........	62. 60.	91. 00.	//	
23.........	62. 50.	91. 00.	//	
24.........	62. 40.	91. 00.	//	
25.........	62. 25.	91. 00.	//	
26.........	//	//	//	
27.........	62. 40.	91. 00.	//	
28.........	61. 90.	91. 00.	//	
29.........	61. 60.	91. 00.	//	
30.........	61. 90.	91. 00.	//	
31.........	62. 10.	91. 00.	//	
1.er février.	62. 05.	91. 00.	//	
2.........	/	//	//	
3.........	61. 90.	91. 00.	//	
4.........	62. 20.	91. 00.	//	
5.........	62. 00.	91. 00.	//	
6.........	63. 00.	91. 00.	//	
7.........	62. 25.	91. 00.	//	
8.........	62. 10.	91. 00.	//	
9.........	//	//	//	
10.........	62. 50.	91. 00.	//	
11.........	62. 60.	91. 00.	//	
12.........	62. 75.	91. 00.	//	
13.........	62. 50.	91. 00.	//	
14.........	62. 50.	91. 00.	//	
15.........	62. 50.	91. 00.	//	
16.........	//	//	//	
17.........	62. 50.	91. 00.	//	

DATE DU COURS.	DÉSIGNATION DES EFFETS PUBLICS.			OBSERVATIONS.
	Cinq p.r o/o.	Rescriptions de domaines.	Bons de remboursement.	
An 1806.				
18 février...	62f 60c	91f 00c	"	
19.........	62. 60.	91. 00.	"	
20.........	62. 00.	91. 00.	"	
21.........	62. 10.	91. 00.	"	
22.........	62. 25.	91. 00.	"	
23.........	"	"	"	
24.........	62. 20.	91. 00.	"	
25.........	62. 10.	91. 00.	"	
26.........	62. 30.	91. 00.	"	
27.........	62. 40.	91. 00.	"	
28.........	62. 95.	91. 00.	"	
1.er mars...	62. 70.	91. 00.	"	
2.........	"	"	"	
3.........	62. 60.	91. 00.	"	
4.........	62. 60.	91. 00.	"	
5.........	62. 80.	91. 00.	"	
6.........	63. 30.	91. 00.	"	
7.........	63. 55.	91. 00.	"	
8.........	63. 60.	91. 00.	"	
9.........	"	"	"	
10.........	63. 80.	91. 00.	"	
11.........	63. 80.	91. 00.	"	
12.........	62. 00.	91. 00.	"	
13.........	62. 00.	91. 00.	"	
14.........	61. 75.	91. 00.	"	
15.........	61. 60.	91. 00.	"	
16.........	"	"	"	
17.........	61. 50.	"	"	
18.........	61. 75.	91. 00	"	
19.........	61. 70.	"	"	
20.........	61. 70.	91. 00.	"	
21.........	61. 70.	91. 00.	"	
22.........	61. 70.	91. 00.	"	
23.........	"	"	"	
24.........	61. 60.	91. 00.	"	
25.........	61. 40.	"	"	
26.........	61. 50.	91. 00.	"	
27.........	61. 60.	91. 00.	"	
28.........	62. 00.	91. 00.	"	
29.........	62. 00.	91. 00.	"	
30.........	"	"	"	
31.........	61. 75.	91. 00.	"	
1.er avril...	61. 80.	91. 00.	"	
2.........	62. 55.	91. 00.	"	
3.........	62. 70.	91. 00.	"	
4.........	62. 55.	91. 00.	"	
5.........	61. 60.	91. 00.	"	
6.........	"	"	"	

DATE DU COURS.	DÉSIGNATION DES EFFETS PUBLICS.			OBSERVATIONS.
	Cinq p.r o/o.	Rescriptions de domaines.	Bons de reimbourse- ment.	
AN 1806.				
7 avril.....	62 75ᶜ	//	//	
8.........	62ᶠ 75	91ᶠ 00ᶜ	//	
9.........	62. 75.	91. 00.	//	
10.........	62. 60.	91. 00.	//	
11.........	62. 50.	91. 00.	//	
12.........	62. 20.	91. 00.	//	
13.........	//	//	//	
14.........	62. 80.	91. 00.	//	
15.........	62. 20.	91. 00.	//	
16.........	62. 20.	91. 00.	//	
17.........	62. 20.	91. 00.	//	
18.........	62. 20.	91. 00.	//	
19.........	62. 15.	91. 00.	//	
20.........	//	//	//	
21.........	62. 15.	91. 00.	//	
22.........	62. 60.	91. 00.	//	
23.........	62. 60.	91. 00.	//	
24.........	62. 75.	91. 00.	//	
25.........	62. 70.	91. 00.	//	
26.........	62. 65.	91. 00.	//	
27.........	//	//	//	
28.........	62. 75.	91. 00.	//	
29.........	62. 50.	91. 00.	//	
30.........	62. 60.	91. 00.	//	
1.ᵉʳ mai....	62. 75.	91. 00.	//	
2.........	62. 50.	91. 00.	//	
3.........	62. 50.	91. 00.	//	
4.........	//	//	//	
5.........	62. 25.	91. 00.	//	
6.........	62. 15.	91. 00.	//	
7.........	61. 90.	91. 00.	//	
8.........	61. 85.	91. 00.	//	
9.........	61. 90.	91. 00.	//	
10.........	62. 15.	91. 00.	//	
11.........	//	//	//	
1..........	62. 00.	91. 00.	//	
13.........	62. 00.	91. 00.	//	
14.........	62. 10.	91. 00.	//	
15.........	//	//	//	
16.........	62. 15.	91. 00.	//	
17.........	62. 40.	91. 00.	//	
18.........	//	//	//	
19.........	62. 50.	91. 00.	//	
20.........	62. 45.	91. 00.	//	
21.........	62. 50.	91. 00.	//	
22.........	62. 45.	91. 00.	//	
23.........	62. 60.	91. 00.	//	
24.........	62. 35.	91. 00.	//	

DATE	DÉSIGNATION DES EFFETS PUBLICS.			OBSERVATIONS.
DU COURS.	Cinq p.r o/o.	Rescriptions de domaines.	Bons de remboursement.	
AN 1806.				
25 mai......	//	//	//	
26........	62f 45c	91f 00c	//	
27........	62. 30.	91. 00.	//	
28........	62. 20.	91. 00.	//	
29........	62. 35.	91. 00.	//	
30........	62. 30.	91. 00.	//	
31........	62. 15.	91. 00.	//	
1.er juin....	//	//	//	
2........	62. 20.	91. 00.	//	
3........	62. 25.	91. 00.	//	
4........	62. 75.	91. 00.	//	
5........	62. 90.	//	//	
6........	62. 90.	//	//	
7........	63. 00.	//	//	
8........	//	//	//	
9........	63. 40.	//	//	
10........	63. 75.	//	//	
11........	63. 70.	//	//	
12........	64. 25.	//	//	
13........	64. 10.	//	//	
14........	63. 85.	//	//	
15........	//	//	//	
16........	63. 90.	//	//	
17........	64. 10.	//	//	
18........	64. 45.	//	//	
19........	64. 50.	//	//	
20........	64. 10.	//	//	
21........	64. 20.	//	//	
22........	//	//	//	
23........	64. 45.	//	//	
24........	63. 40.	//	//	
25........	64. 55.	//	//	
26........	64. 65.	/	//	
27........	64. 65.	//	//	
28........	64. 95.	//	//	
29........	//	//	//	
30........	65. 10.	91. 00.	//	
1.er juillet.	65. 70.	//	//	
2........	66. 25.	//	//	
3........	66. 10.	//	//	
4........	66. 70.	//	//	
5........	66. 75.	//	//	
6........	//	//	//	
7........	66. 10.	//	//	
8........	66. 00.	//	//	
9........	65. 80.	92. 00.	//	
10........	65. 85.	92. 00.	//	
11........	66. 05.	92. 00.	//	

DATE DU COURS.	DÉSIGNATION DES EFFETS PUBLICS.			OBSERVATIONS.
	Cinq p.r o/o.	Rescriptions de domaines.	Bons de remboursement.	
AN 1806.				
12 juillet....	66f 10c	92f 00c	//	
13........	//	//	//	
14........	65. 50.	92. 00.	//	
15........	65. 35.	92. 00.	//	
16........	65. 35.	92. 00.	//	
17........	65. 25.	92. 00.	//	
18........	65. 15.	92. 00.	//	
19........	64. 90.	92. 00.	//	
20........	//	//	//	
21........	66. 10.	92. 00.	//	
22........	66. 50.	92. 00.	//	
23........	66. 80.	92. 00.	//	
24........	67. 40.	92. 00.	//	
25........	67. 35.	92. 00.	//	
26........	67. 10.	92. 00.	//	
27........	//	//	//	
28........	67. 40	92. 00.	//	
29........	67. 50.	92. 00.	//	
30........	68. 15.	92. 00.	//	
31........	68. 10.	92. 00.	//	
1.er août..	68. 05.	92. 00.	//	
2........	68. 25.	92. 00.	//	
3........	//	//	//	
4........	67. 80.	92. 00.	//	
5........	68. 15.	92. 00.	//	
6........	68. 10.	92. 00.	//	
7........	68. 00.	92. 00.	//	
8........	67. 85.	92. 00.	//	
9........	67. 20.	92. 00.	//	
10........	//	//	//	
11........	66. 50.	92. 00.	//	
12........	66. 95.	92. 00.	//	
13........	67. 15.	92. 00.	//	
14........	67. 00.	92. 00.	//	
15........	67. 00.	92. 00.	//	
16........	66. 80.	92. 00.	//	
17........	//	//	//	
18........	67. 25.	92. 00.	//	
19........	67. 45.	92. 00.	//	
20........	67. 90.	92. 00.	//	
21........	67. 80.	92. 00.	//	
22........	67. 70.	92. 00.	//	
23........	67. 60.	92. 00.	//	
24........	//	//	//	
25........	67. 60.	92. 00.	//	
26........	67. 80.	92. 00.	//	
27........	67. 75.	92. 00.	//	
28........	67. 65.	92. 00.	//	

DATE	DÉSIGNATION DES EFFETS PUBLICS.			OBSERVATIONS.
DU COURS.	Cinq p.^r o/o.	Rescriptions de domaines.	Bons de remboursement.	

DATE DU COURS.	Cinq p.ʳ o/o.	Rescriptions de domaines.	Bons de remboursement.	OBSERVATIONS.
An 1806.				
29 août.....	67ᶠ 60ᶜ	92ᶠ 00ᶜ	//	
30.........	67. 55.	92. 00.	»	
31.........	//	//	//	
1.ᵉʳ septemb.	67. 50.	91. 00.	//	
2.........	67. 80.	92. 00.	»	
3.........	68. 05.	92. 00	//	
4.........	67. 60.	92. 00.	//	
5.........	66. 90.	92. 00.	//	
6.........	66. 80.	92. 00.	//	
7.........	//	//	//	
8.........	67. 00.	92. 00.	//	
9.........	67. 10.	92. 00.	//	
10.........	67. 25.	92. 00.	//	
11.........	67. 25.	92. 00.	//	
12.........	67. 25.	92. 00.	//	
13.........	67. 25.	92. 00.	//	
14.........	//	//	//	
15.........	63. 75.	92. 00.	//	
16.........	63. 00.	92. 00.	//	
17.........	63. 15.	92. 00.	//	
18.........	63. 00.	92. 00.	//	
19.........	62. 30.	92. 00.	//	
20.........	61. 90.	92. 00.	//	
21.........	//	//	//	
22.........	61. 90.	92. 00.	//	
23.........	62. 60.	92. 00.	//	
24.........	62. 60.	92. 00.	//	
25.........	63. 50.	92. 00.	//	
26.........	64. 25.	92. 00.	//	
27.........	63. 75.	92. 00.	//	
28.........	//	//	//	
29.........	64. 00.	92. 00.	//	
30.........	64. 00.	92. 00.	//	
1.ᵉʳ octobre.	64. 00.	92. 00.	//	
2.........	64. 25.	92. 00.	//	
3.........	64. 30.	92. 00.	//	
4.........	64. 10.	92. 00.	//	
5.........	//	//	//	
6.........	63. 50.	92. 00.	//	
7.........	63. 75.	92. 00.	//	
8.........	64. 25.	92. 00.	//	
9.........	64. 80.	92. 00.	//	
10.........	64. 85.	92. 00.	//	
11.........	65. 10.	92. 00.	//	
12.........	//	//	//	
13.........	65. 60.	92. 00.	//	
14.........	64. 80.	92. 00.	//	
15.........	65. 30.	92. 00.	//	

DATE DU COURS.	DÉSIGNATION DES EFFETS PUBLICS.			OBSERVATIONS.
	Cinq p.r o/o.	Rescriptions de domaines.	Bons de remboursemen¹	
AN 1806.				
16 octobre...	66f 30c	92f 00c	ʺ	
17.........	67. 00.	92. 00.	ʺ	
18.........	66. 80.	92. 00.	ʺ	
19.........	ʺ	ʺ	ʺ	
20.........	67. 00.	92. 00.	ʺ	
21.........	67. 40.	92. 00.	ʺ	
22.........	67. 30.	92. 00.	ʺ	
23.........	67. 75.	92. 00.	ʺ	
24.........	68. 10.	92. 00.	ʺ	
25.........	68. 40.	92. 00.	ʺ	
26.........	ʺ	ʺ	ʺ	
27.........	69. 00.	92. 00.	ʺ	
28.........	69. 40.	92. 00.	ʺ	
29.........	69. 15.	92. 00.	ʺ	
30.........	69. 30.	92. 00.	ʺ	
31.........	69. 50.	92. 00.	ʺ	
1.er novemb.	ʺ	ʺ	ʺ	
2.........	ʺ	ʺ	ʺ	
3.........	69. 30.	92. 00.	ʺ	
4.........	70. 10.	92. 00.	ʺ	
5.........	71. 00.	92. 00.	ʺ	
6.........	70. 70.	91. 00.	ʺ	
7.........	72. 25.	92. 00.	ʺ	
8.........	73. 10.	92. 00.	ʺ	
9.........	ʺ	ʺ	ʺ	
10.........	72. 80.	92. 00.	ʺ	
11.........	72. 90.	92. 00.	ʺ	
12.........	73. 40.	92. 00.	ʺ	
13.........	75. 75.	92. 00.	ʺ	
14.........	75. 50.	92. 00.	ʺ	
15.........	73. 20.	92. 00.	ʺ	
16.........	ʺ	ʺ	ʺ	
17.........	73. 10.	92. 00.	ʺ	
18.........	73. 75.	92. 00.	ʺ	
19.........	73. 00.	92. 00.	ʺ	
20.........	72. 40.	92. 00.	ʺ	
21.........	72. 30.	92. 00.	ʺ	
22.........	72. 50.	92. 00.	ʺ	
23.........	ʺ	ʺ	ʺ	
24.........	73. 00.	92. 00.	ʺ	
25.........	74. 00.	92. 00.	ʺ	
26.........	73. 50.	92. 00.	ʺ	
27.........	72. 80.	92. 00.	ʺ	
28.........	72. 00.	92. 00.	ʺ	
29.........	71. 50.	92. 00.	ʺ	
30.........	ʺ	ʺ	ʺ	
1.er décemb.	71. 40.	92. 00.	ʺ	
2.........	72. 30.	92. 00.	ʺ	

11

DATE	DÉSIGNATION DES EFFETS PUBLICS.						OBSERVATIONS.
DU COURS.	Cinq p.r o/o.	PROVIS.re	BONS an VII.	BONS an VIII.	RESCRIP-TIONS sur domaines.	BONS de rembour-sement.	
An 1806.							
3 décembre.	73f 30c	//	//	//	92f 00c	//	
4.........	73. 85.	//	//	//	92. 00.	//	
5.........	75. 30.	//	ı	//	92. 00.	//	
6.........	74. 40.	//	//	//	92. 00.	//	
7.........	//	//	//	//	//	//	
8.........	74. 80.	//	//	//	92. 00.	//	
9.........	74. 50.	//	//	//	//	//	
10.........	74. 15.	//	//	//	92. 00.	//	
11.........	74. 80.	//	//	//	92. 00.	//	
12.........	74. 90.	//	//	//	92. 00.	//	
13.........	74. 75.	//	//	//	92. 00.	3f 50c	
14.........	//	//	//	//	//	//	
15.........	75. 10.	//	//	//	92. 00.	//	
16.........	75. 30.	//	//	//	92. 00.	//	
17.........	75. 50.	//	//	//	92. 00.	//	
18.........	76. 10.	//	//	//	92. 00.	3. 50.	
19.........	76. 00.	//	//	//	92. 00.	//	
20.........	76. 50.	//	//	//	92. 00.	//	
21.........	//	//	//	//	//	//	
22.........	77. 00.	//	//	//	92. 00.	//	
23.........	76. 50.	//	//	//	92. 00.	3. 50.	
24.........	75. 90.	//	//	//	//	//	
25.........	//	//	//	//	//	//	
26.........	76. 75.	//	//	//	92. 00.	//	
27.........	//	//	//	//	//	//	
28.........	//	//	//	//	//	//	
29.........	76. 30.	//	//	//	92. 00.	3. 50.	
30.........	76. 10.	//	//	//	92. 00.	//	
31.........	76. 15.	//	//	//	92. 00.	//	
An 1807.							
1.er janvier..	//	//	//	//	//	//	
2.........	77. 10.	//	//	//	92. 00	//	
3.........	76. 60.	//	//	//	92. 00.	//	
4.........	//	//	//	//	//	//	
5.........	76. 30.	//	//	//	92. 00.	//	
6.........	76. 50.	//	//	//	92. 00.	//	
7.........	77. 00.	//	//	//	92. 00.	//	
8.........	76. 90.	//	//	//	72. 00.	//	
9.........	76. 90.	//	//	//	92. 00.	//	
10.........	76. 60.	//	//	//	92. 00.	//	
11.........	//	//	//	//	//	//	
12.........	76. 80.	//	//	//	92. 00.	//	
13.........	76. 25.	//	//	//	92. 00.	//	
14.........	76. 00.	//	//	//	92. 00.	//	
15.........	75. 75.	//	//	//	92. 00.	//	
16.........	75. 50.	//	//	//	92. 00.	//	
17.........	75. 30.	//	//	//	92. 00.	//	

DATE DU COURS.	DÉSIGNATION DES EFFETS PUBLICS.						OBSERVATIONS.
	Cinq p.r o/o.	PROVIS.re	BONS an VII.	BONS an VIII.	RESCRIP-TIONS s.r domaines.	BONS de rembour-sement.	
AN 1806.							
18. janvier...	"	"	"	"	"	"	
19.........	75f. 50c	"	"	"	92f 00c	"	
20.........	76. 10.	"	"	"	92. 00.	"	
21.........	76. 30.	"	"	"	92. 00.	"	
22.........	76. 65.	"	"	"	92. 00.	"	
23.........	76. 65.	"	"	"	92. 00.	"	
24.........	76. 40.	"	"	"	92. 00.	"	
25.........	"	"	"	"	"	"	
26.........	76. 25.	"	"	"	92. 00.	"	
27.........	75. 90.	"	"	"	92. 00.	"	
28.........	75. 75.	"	"	"	92. 00.	"	
29.........	75. 65.	"	"	"	92. 00.	"	
30.........	76. 00.	"	"	"	92. 00.	"	
31.........	76. 30.	"	"	"	92. 00.	"	
1.er février..	"	"	"	"	"	"	
2.........	76. 00.	"	"	"	92. 00.	"	
3.........	75. 90.	"	"	"	92. 00.	"	
4.........	76. 00.	"	"	"	92. 00.	"	
5.........	76. 00.	"	"	"	92. 00.	"	
6.........	76. 30.	"	"	"	92. 00.	"	
7.........	76. 20.	"	"	"	92. 00.	"	
8.........	"	"	"	"	"	"	
9.........	76. 20.	"	"	"	92. 00.	"	
10.........	76. 20.	"	"	"	92. 00.	"	
11.........	76. 20.	"	"	"	92. 00.	"	
12.........	76. 25.	"	"	"	92. 00.	"	
13.........	76. 15.	"	"	"	92. 00.	"	
14.........	75. 75.	"	"	"	92. 00.	"	
15.........	"	"	"	"	"	"	
16.........	75. 60.	"	"	"	92. 00.	"	
17.........	75. 90.	"	"	"	92. 00.	"	
18.........	75. 60.	"	"	"	92. 00.	"	
19.........	76. 00.	"	"	"	92. 00.	"	
20.........	76. 10	"	"	"	92. 00.	"	
21.........	76. 05.	"	"	"	92. 00.	"	
22.........	"	"	"	"	"	"	
23.........	75. 95.	"	"	"	92. 00.	"	
24.........	75. 50.	"	"	"	92. 00.	"	
25.........	75. 30.	"	"	"	92. 00.	"	
26.........	75. 70.	"	"	"	92. 00.	"	
27.........	75. 00.	"	"	"	92. 00.	"	
28.........	75. 15.	"	"	"	92. 00.	"	
1.er mars...	"	"	"	"	"	"	
2.........	75. 70.	"	"	"	92. 00.	"	
3.........	75. 20.	"	"	"	92. 00.	"	
4.........	75. 30.	"	"	"	92. 00.	"	
5.........	75. 20.	"	"	"	92. 00.	"	
6.........	75. 20.	"	"	"	92. 00.	"	

DATE DU COURS.	DÉSIGNATION DES EFFETS PUBLICS.						OBSERVATIONS.
	CINQ p.r o/o.	PROVIS.re	BONS an VII.	BONS an VIII.	RESCRIP-TIONS sur domaines	BONS de rembour-sement.	
An 1807.							
7 mars.....	75f 15c	"	12f 00c	20f 00c	92f 00c	"	
8.........	"	"	"	"	"	"	
9.........	75. 70.	"	"	"	92. 00.	"	
10.........	75. 60.	"	"	"	92. 00.	"	
11.........	72. 50.	"	"	"	92. 00.	"	
12.........	73. 00.	"	"	"	92. 00.	"	
13.........	73. 00	"	"	"	92. 00.	"	
14.........	72. 80.	"	"	"	92. 00.	"	
15.........	"	"	"	"	"	"	
16.........	73. 00.	"	"	"	92. 00.	"	
17.........	73. 00.	"	13. 00.	21. 00.	92. 00.	"	
18.........	73. 20.	"	"	"	92. 00.	"	
19.........	73. 50.	"	"	"	92. 00.	"	
20.........	73. 50.	"	"	"	92. 00.	"	
21.........	73. 15.	"	"	"	92. 00.	"	
22.........	"	"	"	"	"	"	
23.........	73. 25.	"	"	"	92. 00.	"	
24.........	72. 90.	"	"	"	92. 00.	"	
25.........	72. 90.	"	"	"	92. 00.	"	
26.........	72. 85.	"	"	"	92. 00.	"	
27.........	72. 80.	"	"	"	92. 00.	"	
28.........	73. 20.	"	"	"	92. 00.	"	
29.........	"	"	"	"	"	"	
30.........	73. 35.	"	"	"	92. 00.	"	
31.........	73. 05.	"	"	"	92. 00.	"	
1.er avril...	73. 00.	"	"	"	92. 00.	"	
2.........	72. 90.	"	"	"	92. 00.	"	
3.........	72. 60.	"	"	"	92. 00.	"	
4.........	72. 30.	"	"	"	92. 00.	"	
5.........	"	"	"	"	"	"	
6.........	71. 75.	"	"	"	92. 00.	"	
7.........	72. 00.	"	"	"	92. 00.	"	
8.........	72. 35.	"	"	"	92. 00.	"	
9.........	72. 10.	"	"	"	92. 00.	"	
10.........	72. 25.	"	"	"	92. 00.	"	
11.........	72. 30.	"	"	"	92. 00.	"	
12.........	"	"	"	"	"	"	
13.........	73. 35.	"	"	"	92. 00.	"	
14.........	73. 50.	"	"	"	92. 00.	"	
15.........	73. 45.	"	"	"	92. 00.	"	
16.........	73. 60.	"	"	"	92. 00.	"	
17.........	73. 30.	"	"	"	92. 00.	"	
18.........	73. 15.	"	"	"	92. 00.	"	
19.........	"	"	"	"	"	"	
20.........	73. 20.	"	"	"	92. 00	"	
21.........	72. 85.	"	"	"	92. 00.	"	
22.........	73. 00.	"	"	"	92. 00.	"	
23.........	72. 90.	"	"	"	92. 00.	"	

DATE DU COURS.	DÉSIGNATION DES EFFETS PUBLICS.						OBSERVATIONS.
	CINQ p.r o/o.	PROVIS.re	BONS an VII.	BONS an VIII.	RESCRIP-TIONS sur domaines.	BONS de rembour-sement.	
AN 1807.							
24 avril....	72f 95c	"	"	"	92f 00c	"	
25.........	73. 10.	"	"	"	92. 00.	"	
26.........	"	"	"	"	"	"	
27.........	73. 00.	"	"	"	92. 00.	"	
28.........	72. 80.	"	"	"	92. 00.	"	
29.........	72. 90.	"	"	"	92. 00.	"	
30.........	72. 85.	"	"	"	92. 00.	"	
1.er mai...	73. 30.	"	"	"	92. 00.	"	
2.........	73. 50.	"	"	"	92. 00.	"	
3.........	"	"	"	"	"	"	
4.........	73. 30.	"	"	"	92. 00.	"	
5.........	73. 60.	"	"	"	92. 00.	"	
6.........	73. 70.	"	"	"	92. 00.	"	
7.........	"	"	"	"	"	"	
8.........	74. 00.	"	"	"	92. 00.	"	
9.........	74. 40.	"	"	"	92. 00.	"	
10.........	"	"	"	"	"	"	
11.........	74. 25.	"	"	"	92. 00.	"	
12.........	74. 70.	"	"	"	92. 00.	"	
13.........	74. 65.	"	"	"	92. 00.	"	
14.........	74. 60.	"	"	"	92. 00.	"	
15.........	74. 90.	"	"	"	91. 00.	"	
16.........	74. 75.	"	"	"	92. 00.	"	
17.........	"	"	"	"	"	"	
18.........	74. 75.	"	"	"	92. 00.	"	
19.........	74. 60.	"	"	"	92. 00.	"	
20.........	74. 50.	"	"	"	92. 00.	"	
21.........	74. 45.	"	"	"	92. 00.	"	
22.........	74. 50.	"	"	"	92. 00.	"	
23.........	74. 80.	"	"	"	92. 00.	"	
24.........	"	"	"	"	"	"	
25.........	75. 00.	"	"	"	92. 00.	"	
26.........	74. 85.	"	"	"	91. 00.	"	
27.........	75. 00.	"	"	"	92. 00.	"	
28.........	75. 20.	"	"	"	92. 00.	"	
29.........	75. 10.	"	"	"	92. 00.	"	
30.........	75. 15.	"	"	"	92. 00.	"	
31.........	"	"	"	"	"	"	
1.er juin...	75. 25.	"	"	"	92. 00.	"	
2.........	75. 25.	"	"	"	92. 00.	"	
3.........	75. 25.	"	"	"	92. 00.	"	
4.........	75. 50.	"	"	"	92. 00.	"	
5.........	76. 00.	"	"	"	92. 00.	"	
6.........	76. 00.	"	"	"	92. 00.	"	
7.........	"	"	"	"	"	"	
8.........	76. 10.	"	"	"	92. 00.	"	
9.........	76. 25.	"	"	"	92. 00.	"	
10.........	76. 20.	"	"	"	92. 00.	"	

DATE DU COURS.	DÉSIGNATION DES EFFETS PUBLICS.						OBSERVATIONS.
	CINQ p.r o/o.	PROVIS.re	BONS an VII.	BONS an VIII.	RESCRIP-TIONS sur domaines.	BONS de rembour-sement.	
AN 1807.							
11 juin.....	76f 20c	//	//	//	92f 00c	//	
12.........	76. 00.	//	//	//	//	//	
13.........	76. 00.	//	//	//	92. 00.	//	
14.........	//	//	//	//	//	//	
15.........	76. 35.	//	//	//	//	//	
16.........	76. 60.	//	//	//	//	//	
17.........	76. 60.	//	//	//	//	//	
18.........	76. 70.	//	//	//	//	//	
19.........	76. 60.	//	//	//	//	//	
20.........	76. 85.	//	//	//	//	//	
21.........	//	//	//	//	//	//	
22.........	76. 85.	//	//	//	//	//	
23.........	76. 75.	//	//	//	//	//	
24.........	76. 60.	//	//	//	//	//	
25.........	77. 60.	//	//	//	92. 00.	//	
26.........	77. 50.	//	//	//	//	//	
27.........	77. 80.	//	//	//	92. 00.	//	
28.........	//	//	//	//	//	//	
29.........	77. 80.	//	//	//	92. 00.	//	
30.........	77. 40.	//	//	//	92 00.	//	
1.er juillet..	77. 80.	//	//	//	92. 00.	//	
2.........	77. 75.	//	//	//	92. 00.	//	
3.........	77. 50.	//	//	//	92. 00.	//	
4.........	78. 15.	//	//	//	92. 00.	//	
5.........	//	//	//	//	//	//	
6.........	78. 25.	//	//	//	92. 00.	//	
7.........	78. 10.	//	//	//	92. 00.	//	
8.........	78. 10.	//	//	//	92. 00.	//	
9.........	77. 80.	//	//	//	92. 00.	//	
10.........	77. 90.	//	//	//	92. 00.	//	
11.........	78. 10.	//	//	//	92. 00.	//	
12.........	//	//	//	//	//	//	
13.........	78. 10.	//	//	//	92. 00.	//	
14.........	78. 30.	//	//	//	92. 00.	//	
15.........	78. 75.	//	//	//	92. 00.	//	
16.........	79. 30.	//	//	//	92. 00.	//	
17.........	79. 50.	//	//	//	92. 00.	//	
18.........	79. 30.	//	//	//	92. 00.	//	
19.........	//	//	//	//	//	//	
20.........	79. 70.	//	//	//	92. 00.	//	
21.........	80. 25.	//	//	//	92. 00.	//	
22.........	81. 20.	//	//	//	92. 00.	//	
23.........	80. 85.	//	//	//	92. 00.	//	
24.........	80. 50.	//	//	//	92. 00.	//	
25.........	80. 00.	//	//	//	92. 00.	//	
26.........	//	//	//	//	//	//	
27.........	79. 60.	//	//	//	92. 00.	//	
28.........	79. 45.	//	//	//	92. 00.	//	

DATE DU COURS.	CINQ p.r c/o.	PROVIS.re	BONS an VII.	BONS an VIII.	RESCRIP-TIONS sur domaines.	BONS de rembour-sement.	OBSERVATIONS.
AN 1807.							
29 juillet....	79f 95c	"	"	"	92f 00c	"	
30.........	80. 25.	"	"	"	92. 00.	"	
31.........	79. 50.	"	"	"	92. 00.	"	
1.er août...	80. 75	"	"	"	92. 00.	"	
2.........	"	"	"	"	"	"	
3.........	81. 50.	"	"	"	92. 00.	"	
4.........	83. 00.	"	"	"	92. 00.	"	
5.........	84. 85.	"	"	"	92. 00.	"	
6.........	85. 00.	"	"	"	92. 00.	"	
7.........	86. 25.	"	"	"	92. 00.	"	
8.........	87. 70.	"	"	"	92. 00.	"	
9.........	"	"	"	"	"	"	
10.........	87. 50.	"	"	"	92. 00.	"	
11.........	86. 10.	"	"	"	92. 00.	"	
12.........	86. 60.	"	"	"	92. 00.	"	
13.........	87. 00.	"	"	"	92. 00.	"	
14.........	86. 50.	"	"	"	92. 00.	"	
15.........	"	"	"	"	"	"	
16.........	"	"	"	"	"	"	
17.........	86. 90.	"	"	"	92. 00.	"	
18.........	86. 50.	"	"	"	92. 00.	"	
19.........	87. 20.	"	"	"	92. 00.	"	
20.........	88. 40.	"	"	"	92. 00.	"	
21.........	88. 60.	"	"	"	92. 00.	"	
22.........	90. 40.	"	"	"	92. 00.	"	
23.........	"	"	"	"	"	"	
24.........	90. 75.	"	"	"	92. 00.	"	
25.........	93. 20	"	"	"	92. 00.	"	
26.........	93. 00.	"	"	"	92. 00.	"	
27.........	93. 40.	"	"	"	92. 00.	"	
28.........	92. 00.	"	"	"	92. 00.	"	
29.........	91. 50.	"	"	"	92. 00.	"	
30.........	"	"	"	"	"	"	
31.........	91. 00	"	"	"	92. 00.	"	
1.er septemb.	92. 50.	"	"	"	92. 00.	"	
2.........	91. 00.	"	"	"	92. 00.	"	
3.........	90. 50.	"	"	"	92. 00.	"	
4.........	90. 00.	"	"	"	92. 00.	"	
5.........	87. 50.	"	"	"	92. 00.	"	
6.........	"	"	"	"	"	"	
7.........	90. 00.	"	"	"	92. 00.	"	
8.........	90. 00.	"	"	"	92. 00.	"	
9.........	88. 50.	"	"	"	92. 00.	"	
10.........	89. 25.	"	"	"	92. 00.	"	
11.........	88. 80.	"	"	"	92. 00.	"	
12.........	86. 75.	"	"	"	92. 00.	"	
13.........	"	"	"	"	"	"	
14.........	86. 50.	"	"	"	92. 00.	"	

DATE DU COURS.	DÉSIGNATION DES EFFETS PUBLICS.						OBSERVATIONS.
	CINQ p.r o/o.	PROVIS.re	BONS an VII.	BONS an VIII.	INSCRIPTIONS sur domaines	BONS de remboursement.	
AN 1807.							
15 septembre.	86f 00c	"	"	"	92f 00c	"	
16.........	86. 00.	"	"	"	92. 00.	"	
17.........	85. 25.	"	"	"	92. 00.	"	
18.........	84. 85.	"	"	"	92. 00.	"	
19.........	85. 00.	"	"	"	92. 00.	"	
20.........	"	"	"	"	"	"	
21.........	85. 75.	"	"	"	92. 00.	"	
22.........	84. 15.	"	"	"	92. 00.	"	
23.........	84. 00.	"	"	"	92. 00.	"	
24.........	84. 00.	"	"	"	92. 00.	"	
25.........	83. 00.	"	"	"	92. 00.	"	
26.........	83. 25.	"	"	"	92. 00.	"	
27.........	"	"	"	"	"	"	
28.........	83. 10.	"	"	"	92. 00.	"	
29.........	83. 50.	"	"	"	92. 00.	"	
30.........	83. 50.	"	"	"	92. 00.	"	
1.er octobre.	83. 30.	"	"	"	92. 00.	"	
2.........	85. 50.	"	"	"	92. 00.	"	
3.........	85. 75.	"	"	"	92. 00.	"	
4.........	"	"	"	"	"	"	
5.........	86. 55.	"	"	"	92. 00.	"	
6.........	87. 30.	"	"	"	92. 00.	"	
7.........	86. 60.	"	"	"	92. 00.	"	
8.........	87. 00.	"	"	"	92. 00.	"	
9.........	86. 20.	"	"	"	92. 00.	"	
10.........	86. 55.	"	"	"	92. 00.	"	
11.........	"	"	"	"	"	"	
12.........	86. 65.	"	"	"	92. 00.	"	
13.........	86. 60.	"	"	"	92. 00.	"	
14.........	86. 00.	"	"	"	92. 00.	"	
15.........	85. 65.	"	"	"	92. 00.	"	
16.........	85. 00.	"	"	"	92. 00.	"	
17.........	84. 90.	"	"	"	92. 00.	"	
18.........	"	"	"	"	"	"	
19.........	85. 40.	"	"	"	92. 00.	"	
20.........	84. 50.	"	"	"	92. 00.	"	
21.........	84. 60.	"	"	"	92. 00.	"	
22.........	84. 90.	"	"	"	92. 00.	"	
23.........	85. 00.	"	"	"	92. 00.	"	
24.........	85. 60.	"	"	"	92. 00.	"	
25.........	"	"	"	"	"	"	
26.........	85. 50.	"	"	"	92. 00.	"	
27.........	85. 20.	"	"	"	92. 00.	"	
28.........	85. 60.	"	"	"	92. 00.	"	
29.........	86. 00.	"	"	"	92. 00.	"	
30.........	86. 00.	"	"	"	92. 00.	"	
31.........	85. 90.	"	"	"	92. 00.	"	
1.er novemb.	"	"	"	"	"	"	

DATE DU COURS.	DÉSIGNATION DES EFFETS PUBLICS.						OBSERVATIONS.
	CINQ p.' o/o.	PROVIS.res	BONS an VII.	BONS an VIII.	RESCRIP- TIONS sur domaines	BONS de rembour- sement.	
AN 1807.							
2 novembre.	86f 20c	//	//	//	92f 00c	//	
3.........	85. 50.	//	//	//	92. 00.	//	
4.........	85. 70.	//	//	//	92. 00.	//	
5.........	85. 25.	//	//	//	92. 00.	//	
6.........	85. 80.	//	//	//	92. 00.	//	
7.........	85. 75.	//	//	//	92. 00.	//	
8.........	//	//	//	//	//	//	
9.........	85. 50.	//	//	//	92. 00.	//	
10.........	85. 70.	//	//	//	92. 00.	//	
11.........	85. 60.	//	//	//	92. 00.	//	
12.........	85. 15.	//	//	//	92. 00.	//	
13.........	85. 00.	//	//	//	92. 00.	//	
14.........	85. 20.	//	//	//	92. 00.	//	
15.........	//	//	//	//	//	//	
16.........	85. 35.	//	//	//	92. 00.	//	
17.........	85. 80.	//	//	//	92. 00.	//	
18.........	85. 60.	//	//	//	92. 00.	//	
19.........	86. 00	//	//	//	92. 00.	//	
20.........	87. 00.	//	//	//	92. 00.	//	
21.........	87. 80.	//	//	//	92. 00.	//	
22.........	//	//	//	//	//	//	
23.........	87. 00.	//	//	//	92. 00.	//	
24.........	86. 60.	//	//	//	92. 00.	//	
25.........	86. 15.	//	//	//	92. 00.	//	
26.........	86. 40.	//	//	//	92. 00.	//	
27.........	86. 60.	//	//	//	92. 00.	//	
28.........	86. 70.	//	//	//	92. 00.	//	
29.........	//	//	//	//	//	//	
30.........	86. 50.	//	//	//	92. 00.	//	
1.er décemb.	86. 15.	//	//	//	92. 00.	//	
2.........	86. 15.	//	//	//	92. 00.	//	
3.........	86. 10.	//	//	//	92. 00.	//	
4.........	87. 10.	//	//	//	92. 00.	//	
5.........	87. 00.	//	//	//	92. 00.	//	
6.........	//	//	//	//	//	//	
7.........	86. 75	//	//	//	92. 00.	//	
8.........	87. 00.	//	//	//	92. 00.	//	
9.........	87. 00.	//	//	//	92. 00.	//	
10.........	87. 50.	//	//	//	92. 00.	//	
11.........	87. 00.	//	//	//	92. 00.	//	
12.........	86. 30.	//	//	//	92. 00.	//	
13.........	//	//	//	//	//	//	
14.........	86. 25.	//	//	//	92. 00.	//	
15.........	86. 30.	//	//	//	92. 00.	//	
16.........	86. 50.	//	//	//	92. 00.	//	
17.........	86. 30.	//	//	//	92. 00.	//	
18.........	86. 30.	//	//	//	92. 00.	//	
19.........	86. 20.	//	//	//	92. 00.	//	

DATE DU COURS.	DÉSIGNATION DES EFFETS PUBLICS.						OBSERVATIONS.
	CINQ p.r o/o.	PROVIS.re	BONS an VII.	BONS an VIII.	RESCRIP-TIONS sur domaines	BONS de rembour-sement.	
AN 1807.							
20 décembre.	//	//	//	//	//	//	
21.........	85f 75c	//	//	//	92f 00c	//	
22.........	85. 60	//	//	//	92. 00.	//	
23.........	86. 00.	//	//	//	92. 00.	//	
24.........	86. 00.	//	//	//	92. 00.	//	
25.........	//	//	//	//	//	//	
26.........	86. 00.	//	//	//	92. 00.	//	
27.........	//	//	//	//	//	//	
28.........	86. 80.	//	//	//	92. 00.	//	
29.........	86. 70.	//	//	//	92. 00.	//	
30.........	86. 50.	//	//	//	92. 00.	//	
31.........	86. 30.	//	//	//	92. 00.	//	
AN 1808.							
1.er janvier..	//	//	//	//	//	//	
2.........	86. 15.	//	//	//	92. 00.	//	
3.........	//	//	//	//	//	//	
4.........	86. 10.	//	//	//	92. 00.	//	
5.........	86. 00.	//	//	//	92. 00.	//	
6.........	85. 75.	//	//	//	92. 00.	//	
7.........	86. 10.	//	//	//	92. 00	//	
8.........	86. 35.	//	//	//	92. 00	//	
9.........	86. 55.	//	//	//	92. 00.	//	
10.........	//	//	//	//	//	//	
11.........	86. 75.	//	//	//	92. 00.	//	
12.........	86. 60.	//	//	//	92. 00.	//	
13.........	87. 00.	//	//	//	92. 00.	//	
14.........	86. 70.	//	//	//	92. 00.	//	
15.........	86. 65.	//	//	//	92. 00.	//	
16.........	86. 00.	//	//	//	92. 00.	//	
17.........	//	//	//	//	//	//	
18.........	86. 30.	//	//	//	92. 00.	//	
19.........	85. 80.	//	//	//	92. 00.	//	
20.........	85. 90.	//	//	//	92. 00.	//	
21.........	86. 00	//	//	//	92. 00.	//	
22.........	85. 85.	//	//	//	92. 00.	//	
23.........	85. 75.	//	//	//	92. 00.	//	
24.........	//	//	//	//	//	//	
25.........	85. 65	//	//	//	92. 00.	//	
26.........	85. 85.	//	//	//	92. 00	//	
27.........	85 80.	//	//	//	92. 00.	//	
28.........	85. 50.	//	//	//	92. 00.	//	
29.........	85. 40.	//	//	//	92. 00.	//	
30.........	85. 20.	//	//	//	92. 00.	//	
1.er février.	//	//	//	//	//	//	
2.........	85. 90	//	//	//	92. 00.	//	
3.........	86. 40	//	//	//	92. 00.	//	
4.........	86. 20.	//	//	//	92. 00.	//	
5.........	86. 30.	//	//	//	92. 00.	//	

DATE DU COURS.	Cinq p. c/o.	Rescriptions sur domaines	OBSERVATIONS.
AN 1808.			
6 Février...	86f 30c	92f 00c	
7........	"	"	
8........	86. 35.	92. 00.	
9........	86. 50.	92. 00	
10.......	85. 60.	92. 00.	
11.......	86. 50.	92. 00.	
12.......	86. 00.	92. 00.	
13.......	85. 15.	92. 00.	
14.......	"	"	
15.......	86. 15.	92. 00.	
16.......	85. 10.	92. 00.	
17.......	86. 25.	92. 00.	
18.......	86. 25.	92. 00.	
19.......	86. 15.	92. 00	
20.......	86. 25.	92. 00.	
21.......	"	"	
22.......	86. 15.	92. 00.	
23.......	86. 15.	92. 00.	
24.......	86. 20.	92. 00.	
25.......	86. 30.	92. 00.	
26.......	86. 50.	92. 00.	
27.......	86. 25.	92. 00.	
28.......	"	"	
29.......	86. 10.	92. 00.	
1.er mars...	85. 60.	92. 00.	
2........	85. 60.	92. 00	
3........	85. 25.	91. 00	
4........	85. 20.	92. 00.	
5........	85. 00.	92. 00.	
6........	"	"	
7........	84. 10.	92. 00.	
8........	84. 10	92. 00.	
9........	84. 00.	92. 00.	
10.......	83. 75.	92. 00.	
11.......	83. 75.	92. 00.	
12.......	84. 10.	92. 00.	
13.......	"	"	
14.......	84. 50.	92. 00.	
15.......	84. 40.	92. 00.	
16.......	84. 30.	92. 00	
17.......	84. 60.	91. 00.	
18.......	84. 55.	92. 00.	
19.......	84. 40.	92. 00.	
20.......	"	"	
21.......	84. 30.	92. 00.	
22.......	84. 25.	92. 00.	
23.......	84. 25.	92. 00.	
24.......	84. 25.	92. 00.	

DATE DU COURS.	Cinq p.r o/o.	Rescriptions sur domaines.	OBSERVATIONS.
AN 1808.			
25 mars.....	84f 35c	92f 00c	
26........	84. 40.	92. 00.	
27........	"	"	
28........	84. 50.	"	
29........	84. 40.	"	
30........	84. 30.	"	
31........	84. 45.	"	
1.er avril...	84. 45.	"	
2........	84. 85.	"	
3........	"	"	
4........	84. 70.	"	
5........	84. 55.	"	
6........	84. 50.	"	
7........	84. 65.	"	
8........	84. 60.	"	
9........	84. 60.	"	
10.......	"	"	
11.......	84. 60	"	
12.......	84. 80.	"	
13.......	85. 00.	"	
14.......	85. 30.	"	
15.......	85. 45.	"	
16.......	85. 95.	"	
17.......	"	"	
18.......	85. 70.	"	
19.......	85. 60.	"	
20.......	85. 70.	"	
21.......	85. 60.	"	
22.......	85. 70.	"	
23.......	86. 00.	"	
24.......	"	"	
25.......	86. 10.	"	
26.......	86. 55.	"	
27.......	87. 20.	"	
28.......	86. 80.	"	
29.......	87. 10.	"	
30.......	87. 40.	"	
1.er mai...	"	"	
2........	87. 55.	"	
3........	87. 60.	"	
4........	87. 40.	"	
5........	87. 60.	"	
6........	87. 60.	"	
7........	87. 60.	"	
8........	"	"	
9........	87. 40.	"	
10.......	87. 60.	"	
11.......	87. 50.	"	

DATE DU COURS.	Cinq p.r o/o;	Rescriptions sur domaines.	OBSERVATIONS.	DATE DU COURS.	Cinq p.r o/o;	Rescriptions sur domaines.	OBSERVATIONS.
AN 1808.				AN 1808.			
12 mai....	88f 15c	//		29 juin....	84f 70c	//	
13........	88. 15.	//		30........	85. 15.	//	
14........	87. 90.	//		1.er juillet..	85. 30.	//	
15........	//	//		2........	85. 00.	//	
16........	88. 00.	//		3........	//	//	
17........	87. 75.	//		4........	84. 80.	//	
18........	87. 50.	//		5........	84. 95.	//	
19........	87. 50.	//		6........	84. 55.	//	
20........	87. 50.	//		7........	84. 10.	//	
21........	87. 70.	//		8........	84. 30.	//	
22........	//	//		9........	84. 15.	//	
23........	87. 50.	//		10........	//	//	
24........	87. 30.	//		11........	84. 50.	//	
25........	87. 00.	//		12........	84. 80.	//	
26........	87. 80.	//		13........	84. 65.	//	
27........	86. 90.	//		14........	84. 80.	//	
28........	86. 70.	//		15........	84. 75.	//	
29........	//	//		16........	84. 55.	//	
30........	86. 75.	//		17........	//	//	
31........	86. 40.	//		18........	84. 90.	//	
1.er juin..	86. 50.	//		19........	85. 30.	//	
2........	86. 25.	//		20........	85. 10.	//	
3........	86. 70.	//		21........	85. 90.	//	
4........	86. 70.	//		22........	85. 90.	//	
5........	//	//		23........	85. 90.	//	
6........	86. 65.	//		24........	//	//	
7........	86. 50.	//		25........	85. 80.	//	
8........	86. 30.	//		26........	85. 00.	//	
9........	86. 15.	//		27........	84. 80.	//	
10........	86. 15.	//		28........	85. 00.	//	
11........	86. 15.	//		29........	84. 60.	//	
12........	//	//		30........	84. 85.	//	
13........	86. 10.	//		1.er août..	84. 60.	//	
14........	85. 65.	//		2........	85. 15.	//	
15........	85. 80.	//		3........	84. 90.	//	
16........	85. 60.	//		4........	84. 70.	//	
17........	85. 75.	//		5........	84. 50.	//	
18........	86. 00.	//		6........	84. 70.	//	
19........	//	//		7........	//	//	
20........	85. 90.	//		8........	84. 60.	//	
21........	85. 95.	//		9........	84. 40.	//	
22........	85. 65.	//		10........	83. 00.	//	
23........	85. 65.	//		11........	83. 00.	//	
24........	85. 30.	//		12........	82. 90.	//	
25........	85. 10.	//		13........	82. 00.	//	
26........	//	//		14........	//	//	
27........	84. 80.	//		15........	'	//	
28........	84. 90.	//		16........	82. 30.	//	

DATE DU COURS.	Cinq p.r o/o.	Rescriptions sur domaines.	OBSERVATIONS.	DATE DU COURS.	Cinq p o/o.	Rescriptions sur domaines.	OBSERVATIONS.
AN 1808.				**AN 1808.**			
17 août....	80f 50c	//		5 octobre...	81f 00c	//	
18........	81. 20.	//		6........	80. 80.	//	
19.........	81. 80.	l		7........	80. 80.	//	
20........	81. 25.	//		8........	80. 65.	//	
21........	//	l		9........	//	//	
22........	80. 60.	//		10........	80. 80.	//	
23........	81. 40.	//		11........	80. 75.	//	
24........	81. 90.	//		12........	80. 65.	//	
25........	82. 50.	//		13........	80. 65.	//	
26........	83. 00.	//		14........	80. 60.	//	
27........	82. 75.	//		15........	80. 50.	//	
28........	//	//		16........	//	//	
29........	81. 90.	//		17........	80. 60.	//	
30........	80. 75.	//		18........	80. 60.	//	
1.er septemb.	81. 50.	//		19........	80. 70.	//	
2.........	81. 40	//		20........	80. 40.	//	
3.........	81. 50.	//		21........	80. 35.	//	
4.........	//	//		22........	80. 40.	//	
5.........	79. 10.	//		23........	//	//	
6.........	78. 40.	//		24........	80. 75.	//	
7.........	78. 60.	//		25........	80. 90.	//	
8.........	80. 00.	//		26........	80. 40.	//	
9.........	80. 75.	//		27........	80. 50.	//	
10........	80. 50.	//		28........	80. 40.	//	
11........	//	//		29........	80. 30.	//	
12........	80. 90.	//		30........	//	//	
13........	80. 60.	//		31........	80. 35.	//	
14........	80. 60.	//		1.er novemb.	//	//	
15........	81. 20.	//		2.........	80. 15.	//	
16........	81. 15.	//		3.........	80. 15.	//	
17........	81. 10.	//		4.........	80. 25.	//	
18........	//	//		5.........	80. 15.	//	
19........	81. 00.	//		6........	//	//	
20........	80. 75.	//		7.........	80. 20.	//	
21........	80. 60.	//		8.........	80. 30.	//	
22........	81. 25.	//		9.........	80. 55.	//	
23........	80. 40.	//		10........	80. 90.	//	
24........	80. 60.	//		11........	81. 00.	//	
25........	//	//		12........	80. 75.	//	
26........	80. 60.	//		13........	//	//	
27........	80. 60.	//		14........	80. 70.	//	
28........	80. 55.	//		15........	80. 65.	//	
29........	80. 60.	//		16........	80. 70.	//	
30........	80. 60.	//		17........	80. 50.	//	
1.er octo.re.	80. 25.	//		18........	80. 50.	//	
2.........	//	//		19........	80. 50.	//	
3.........	80. 25.	//		20........	//	//	
4.........	81. 00.	//		21........	80. 25.	//	

DATE DU COURS.	DÉSIGNATION DES EFFETS PUBLICS.		OBSERVATIONS.	DATE DU COURS.	CINQ p. o/o.	OBSERVATIONS.
	Cinq p. o/.	Rescriptions des domaines.				
AN 1808.				**AN 1809.**		
22 novembre.	80f 55c	//		7 janvier...	80f 45c	
23.........	80. 10.	//		8.........	//	
24.........	80. 20.	//		9.........	80. 10.	
25.........	80. 20.	»		10.........	80. 30.	
26.........	80. 25.	//		11.........	80. 30.	
27.........	//	//		12.........	80. 25.	
28.........	80. 15.	//		13.........	80. 25.	
29.........	80. 15.	//		14.........	80. 20.	
30.........	80. 30.	//		15.........	//	
1.er décemb.	80. 20.	//		16.........	79. 50.	
2..........	80. 65.	//		17.........	80. 20.	
3..........	80. 40.	//		18.........	80. 20.	
4..........	//	//		19.........	80. 2 .	
5..........	80. 65.	//		20.........	80. 20.	
6..........	80. 75.	//		21.........	80. 20.	
7..........	80. 60.	//		22.........	//	
8..........	80. 60.	//		23.........	80. 15.	
9..........	80. 60.	//		24.........	80. 00.	
10.........	80. 60.	//		25.........	80. 00.	
11.........	//	//		26.........	80. 10.	
12.........	80. 60.	//		27.........	80. 75.	
13.........	80. 50.	//		28.........	80. 25.	
14.........	80. 40.	//		29.........	//	
15.........	80. 20.	//		30.........	80. 00.	
16.........	80. 25.	//		31.........	80. 20.	
17.........	80. 30.	//		1.er février..	80. 00.	
18.........	//	//		2..........	80. 10.	
19.........	80. 30.	//		3..........	80. 15.	
20.........	80. 30.	//		4..........	80. 20.	
21.........	80. 25.	//		5..........	//	
22.........	80. 20.	//		6..........	80. 30.	
23.........	80. 15.	//		7..........	80. 25.	
24.........	78. 90.	//		8..........	79. 50.	
25.........	//	//		9..........	79. 45.	
26.........	80. 10.	//		10.........	79. 50.	
27.........	80. 40.	//		11.........	79. 50.	
28.........	80. 30.	//		12.........	//	
29.........	80. 30.	//		13.........	79. 50.	
30.........	80. 30.	//		14.........	79. 40.	
31.........	80. 30.	//		15.........	79. 60.	
AN 1809.				16.........	79. 75.	
1.er janvier..	//	//		17.........	79. 65.	
2..........	80. 15.	//		18.........	79. 60.	
3..........	80. 20.	//		19.........	//	
4..........	80. 30.	//		20.........	79. 65.	
5..........	88. 25.	//		21.........	80. 00.	
6..........	80. 50.	//		22.........	80. 00.	
				23.........	79. 80.	

DATE DU COURS.	CINQ p. c/o.	OBSERVATIONS.	DATE DU COURS.	CINQ p.r o/o.	OBSERVATIONS.
AN 1809.			**AN 1809.**		
24 février ...	79. 80.		14 avril.....	78f 80e	
25...........	79. 70.		15...........	79. 40.	
26...........	"		16...........	"	
27...........	79. 80.		17...........	79. 10.	
28...........	79. 90.		18...........	79. 00.	
1.r mars....	80. 20.		19...........	78. 80.	
2...........	80. 25.		20...........	78. 40.	
3...........	80. 10.		21...........	78. 00.	
4...........	80. 80.		22...........	78. 65.	
5...........	"		23...........	"	
6...........	80. 00.		24...........	78. 90.	
7...........	7. 95.		25...........	80. 00.	
8...........	77. 55.		26...........	82. 50.	
9...........	77. 70.		27...........	83. 40.	
10...........	77. 65.		28...........	83. 00.	
11...........	77. 50.		29...........	83. 05.	
12...........	"		30...........	"	
13...........	77. 40.		1.er mai....	83. 75.	
14...........	77. 10.		2...........	83. 50.	
15...........	77. 15.		3...........	84. 00.	
16...........	77. 35.		4...........	83. 90.	
17...........	77. 65.		5...........	84. 00.	
18...........	77. 60.		6...........	84. 00.	
20...........	"		7...........	"	
21...........	77. 60.		8...........	83. 80.	
22...........	77. 50.		9...........	83. 40.	
23...........	77. 25.		10...........	82. 00.	
24...........	77. 35.		11...........	82. 60.	
25...........	77. 35.		12...........	82. 65.	
26...........	77. 30.		13...........	83. 15.	
27...........	"		14...........	"	
28...........	77. 20.		15...........	82. 75.	
29...........	77. 25.		16...........	82. 80.	
30...........	77. 40.		17...........	83. 70.	
31...........	77. 45.		18...........	83. 60.	
1.er avril....	77. 5r.		19...........	83. 45.	
2...........	77. 35.		20...........	83. 00.	
3...........	"		21...........	"	
4...........	77. 35.		22...........	83. 00.	
5...........	77. 30.		23...........	82. 90.	
6...........	77. 25.		24...........	82. 50.	
7...........	77. 30.		25...........	82. 45.	
8...........	77. 30.		26...........	82. 90.	
9...........	77. 40.		27...........	83. 20.	
10...........	"		28...........	"	
11...........	77. 65.		29...........	83. 20.	
12...........	77. 80.		30...........	82. 80.	
13...........	78. 10.				

DATE DU COURS.	CINQ p.r o/o.	OBSERVATIONS.	DATE DU COURS.	CINQ p.r o/o.	OBSERVATIONS.
AN 1809.			**AN 1809.**		
31 mai.....	83f 00c		18 juillet.....	77f 75c	
1.er juin....	83. 10.		19........	79. 00.	
2.........	82. 00.		20........	79. 75.	
3.........	82. 75.		21.........	79. 30.	
4.........	"		22.........	78. 70.	
5.........	82. 50.		23.........	"	
6.........	82. 40.		24.........	78. 60.	
7.........	82. 20.		25.........	78. 50.	
8.........	82. 25.		26.........	78. 70.	
9.........	82. 20.		27.........	78. 70.	
10.........	82. 20.		28.........	78. 80.	
11.........	"		29.........	78. 60.	
12.........	82. 10.		30.........	"	
13.........	81. 65.		31.........	78. 75.	
14.........	81. 90.		1.er août...	79. 10.	
15.........	82. 00.		2.........	78. 95.	
16.........	82. 20.		3.........	78. 75.	
17.........	82. 30.		4.........	78. 85.	
18.........	"		5.........	79. 00.	
19.........	82. 45.		6.........	"	
20.........	82. 30.		7.........	78. 80.	
21.........	82. 05.		8.........	78. 90.	
22.........	82. 10.		9.........	79. 25.	
23.........	82. 05.		10.........	79. 75.	
24.........	81. 75.		11.........	79. 80.	
25.........	"		12.........	79. 80.	
26.........	81. 50.		13.........	"	
27.........	82. 00.		14.........	79. 65.	
28.........	82. 25.		15.........	"	
29.........	82. 30.		16.........	79. 00.	
30.........	82. 00.		17.........	79. 15.	
1.er juillet..	81. 40.		18.........	79. 00.	
2.........	"		19.........	78. 50.	
3.........	83. 10.		20......	"	
4.........	82. 50.		21.........	78. 60.	
5.........	81. 25.		22.........	78. 50.	
6.........	80. 50.		23.........	78. 30.	
7.........	80. 00.		24.........	78. 30.	
8.........	80. 00.		25.........	78. 35.	
9.........	"		26.........	78. 70.	
10.........	79. 50.		27.........	"	
11.........	79. 50.		28.........	78. 75.	
12.........	79. 50.		29.........	78. 50.	
13.........	80. 00.		30.........	78. 50.	
14.........	80. 60.		31.........	78. 50.	
15.........	80. 00.		1.er septemb.	78. 35.	
16.........	"		2.........	78. 80.	
17.........	78. 40.		3.........	"	

DATE DU COURS.	CINQ p.r o/o.	OBSERVATIONS.	DATE DU COURS.	CINQ p.r o/o.	OBSERVATIONS.
AN 1809.			AN 1809.		
4 septembre.	79f 10e		22 octobre...	//	
5	79. 10.		23	79f 20e	
6	77. 00.		24	79. 20.	
7	76. 50.		25	79. 10.	
8	76. 25.		26	79. 35.	
9	76. 50.		27	79. 20.	
10	//		28	79. 15.	
11	77. 00.		29	//	
12	76. 80.		30	79. 20.	
13	76. 70.		31	79. 10.	
14	76. 60.		1.er novemb.	//	
15	76. 60.		2	79. 40.	
16	76. 80.		3	79. 80.	
17	//		4	80. 30.	
18	76. 90.		5	//	
19	77. 00.		6	80. 75.	
20	76. 90.		7	80. 60.	
21	77. 00.		8	80. 80.	
22	77. 00.		9	80. 80.	
23	77. 30.		10	80. 70.	
24	//		11	80. 50.	
25	77. 35.		12	//	
26	77. 50.		13	80. 60.	
27	77. 45.		14	80. 60.	
28	77. 40.		15	80. 20.	
29	77. 90.		16	80. 20.	
30	77. 75.		17	80. 40.	
1.er octobre.	//		18	80. 20.	
2	77. 75.		19	//	
3	78. 15.		20	80. 25.	
4	78. 80.		21	80. 20.	
5	78. 95.		22	80. 10.	
6	79. 40.		23	80. 10.	
7	79. 75.		24	80. 15.	
8	//		25	79. 90.	
9	79. 50.		26	//	
10	79. 20.		27	79. 90.	
11	79. 10.		28	80. 25.	
12	79. 00.		29	80. 20.	
13	79. 00.		30	80. 35.	
14	78. 90.		1.er décemb.	80. 25.	
15	//		2	80. 00.	
16	79. 20.		3	//	
17	79. 10.		4	79. 90.	
18	78. 90.		5	79. 85.	
19	79. 30.		6	79. 80.	
20	79. 55.		7	79. 70.	
21	79. 25.		8	80. 00.	
			9	79. 90.	

13

DATE DU COURS.	CINQ p. o/o.	OBSERVATIONS.	DATE DU COURS.	CINQ p. o/o.	OBSERVATIONS.
AN 1809.			**AN 1810.**		
10 décembre.	"		25 janvier...	78f 95c	
11.........	80f 10e		26.........	78. 95.	
12.........	79. 90.		27.........	79. 05.	
13.........	80. 00.		28.........	"	
14.........	79. 85.		29.........	79. 10.	
15.........	79. 95.		30.........	79. 00.	
16.........	79. 90.		31.........	79. 00.	
17.........	"		1.er février..	79. 25.	
18.........	80. 05.		2.........	79. 50.	
19.........	80. 00.		3.........	79. 65.	
20.........	80. 05.		4.........	"	
21.........	80. 00.		5.........	79. 85.	
22.........	79. 85.		6.........	80. 40.	
23.........	79. 90.		7.........	80. 50.	
24.........	"		8.........	81. 70.	
25.........	"		9.........	81. 20.	
26.........	79. 80.		10.........	82. 30.	
27.........	79. 75.		11.........	"	
28.........	79. 80.		12.........	82. 05.	
29.........	79. 75.		13.........	"	
30.........	79. 65.		14.........	82. 00.	
31.........	"		15.........	82. 20.	
AN 1810.			16.........	82. 30.	
1.er janvier..	"		17.........	82. 60.	
2.........	79. 50.		18.........	"	
3.........	79. 50.		19.........	82. 35.	
4.........	79. 50.		20.........	82. 25.	
5.........	79. 20.		21.........	82. 15.	
6.........	79. 00.		22.........	81. 15.	
7.........	"		23.........	82. 05.	
8.........	78. 75.		24.........	82. 30.	
9.........	78. 65.		25.........	"	
10.........	78. 60.		26.........	82. 70.	
11.........	78. 65.		27.........	82. 80.	
12.........	78. 85.		28.........	83. 15.	
13.........	78. 85.		1.er mars...	83. 15.	
14.........	"		2.........	83. 75.	
15.........	78. 85.		3.........	84. 50.	
16.........	79. 00.		4.........	"	
17.........	79. 15.		5.........	82. 50.	
18.........	79. 15.		6.........	83. 00.	
19.........	79. 00.		7.........	82. 50.	
20.........	79. 05.		8.........	81. 80.	
21.........	"		9.........	81. 70.	
22.........	78. 90.		10.........	81. 50.	
23.........	79. 00.		11.........	"	
24.........	"		12.........	81. 75.	
			13.........	81. 60.	

DATE DU COURS.	CINQ p. o/o.	OBSERVATIONS.	DATE DU COURS.	CINQ p.r o/o.	OBSERVATIONS.
AN 1810.			**AN 1810.**		
14 mars....	81f 25c		1.er mai....	80f 75e	
15........	81. 50,		2........	80. 65.	
16........	81. 60.		3........	80. 85.	
17........	81. 35.		4........	80. 80.	
18........	"		5........	80. 70.	
19........	81. 35.		6........	"	
20........	81. 25.		7........	80. 65.	
21........	80. 90.		8........	80. 65.	
22........	81. 00.		9........	80. 65.	
23........	81. 50.		10........	80. 55.	
24........	81. 60.		11........	80. 65.	
25........	"		12........	80. 60.	
26........	81. 30.		13........	"	
27........	81. 10.		14........	80. 70.	
28........	81. 10.		15........	80. 50.	
29........	81. 00.		16........	80. 40.	
30........	81. 10.		17........	80. 50.	
31........	81. 25.		18........	80. 50.	
1.er avril...	"		19........	80. 45.	
2........	"		20........	"	
3........	81. 50.		21........	80. 45.	
4........	81. 90.		22........	80. 45.	
5........	80. 75.		23........	80 50.	
6........	80. 90.		24........	80. 50.	
7........	81. 10.		25........	80. 55.	
8........	"		26........	80. 50.	
9........	81. 00.		27........	"	
10........	81. 00.		28........	80. 45.	
11........	80. 75.		29........	80. 50.	
12........	80. 70.		30........	80. 45.	
13........	80. 65.		31........	"	
14........	80. 90.		1.er juin....	80. 75.	
15........	"		2........	80. 70.	
16........	81. 00.		3........	"	
17........	80. 80.		4........	80. 65.	
18........	81. 10.		5........	80. 75.	
19........	80. 75.		6........	80. 75.	
20........	80. 85.		7........	80. 75.	
21........	80. 90.		8........	80. 75.	
22........	"		9........	80. 75.	
23........	81. 00.		10........	"	
24........	81. 00.		11........	80. 75.	
25........	80. 95.		12........	80. 75.	
26........	81. 00.		13........	80. 80.	
27........	81. 00.		14........	80. 90.	
28........	81. 00.		15........	81. 00.	
29........	"		16........	81. 10.	
30........	80. 90.		17........	"	

13..

DATE DU COURS.	CINQ p.r o/o.	OBSERVATIONS.	DATE DU COURS.	CINQ p.r o/o.	OBSERVATIONS.
AN 1810.			AN 1810.		
18 juin.....	81f 00f		5 août.....	"	
19........	80. 95.		6........	81f 25c	
20........	81. 05.		7........	81. 50.	
21........	81. 00.		8........	81. 75.	
22........	81. 00.		9........	81. 60.	
23........	81. 00.		10........	81. 80.	
24........	"		11........	82. 00.	
25........	80. 95.		12........	"	
26........	81. 05.		13........	82. 05.	
27........	81. 20.		14........	82. 00.	
28........	81. 60.		15........	"	
29........	81. 40.		16........	82. 00.	
30........	81. 30.		17........	82. 25.	
1.er juillet..	"		18........	82. 35.	
2........	81. 50.		19........	"	
3........	81. 60.		20........	82. 35.	
4........	81. 95.		21........	82. 35.	
5........	82. 05		22........	82. 50.	
6........	82. 20.		23........	82. 55.	
7........	82. 00.		24........	82. 75.	
8........	"		25........	82. 80.	
9........	82. 00.		26........	"	
10........	81. 75.		27........	82. 70.	
11........	81. 25.		28........	82. 55.	
12........	81. 30.		29........	82. 50.	
13........	81. 25.		30........	82. 45.	
14........	80. 90.		31........	82. 65.	
15........	"		1.er septemb.	82. 75.	
16........	80. 90.		2........	"	
17........	80. 95.		3........	82. 75.	
18........	81. 10.		4........	82. 75.	
19........	81. 15.		5........	82. 65.	
20........	81. 00.		6........	82. 65.	
21........	80. 85.		7........	82. 65.	
22........	"		8........	82. 65.	
23........	80. 50.		9........	"	
24........	80. 85.		10........	82. 65.	
25........	80. 90.		11........	82. 65.	
26........	80. 85.		12........	82. 65.	
27........	81. 00.		13........	82. 65.	
28........	80. 75.		14........	82. 65.	
29........	"		15........	82. 65.	
30........	80. 60.		16........	"	
31........	80. 85.		17........	82. 65.	
1.er août...	81. 15.		18........	82. 65.	
2........	81. 25.		19........	82. 65.	
3........	81. 20.		20........	82. 65.	
4........	81. 20.		21........	82. 65.	

DATE DU COURS.	CINQ p.r o/o.	OBSERVATIONS.	DATE DU COURS.	CINQ p.r o/o.	OBSERVATIONS.
AN 1810.			AN 1810.		
22 septemb..	81f 65e		9 novembre.	80f 20e	
23.........	//		10.........	80. 00.	
24.........	80. 60.		11.........	//	
25.........	80. 50.		12.........	//	
26.........	80. 60.		13.........	79. 85.	
27.........	80. 50.		14.........	80. 00.	
28.........	80. 50.		15.........	80. 10.	
29.........	80. 60.		16.........	79. 75.	
30.........	//		17.........	79. 95.	
1.er octobre.	80. 70.		18.........	//	
2.........	80. 60.		19.........	80. 00.	
3.........	80. 50.		20.........	80. 15.	
4.........	80. 55.		21.........	80. 15.	
5.........	80. 55.		22.........	80. 00.	
6.........	80. 65.		23.........	79. 80.	
7.........	//		24.........	79. 75.	
8.........	80. 65.		25.........	//	
9.........	80. 65.		26.........	79. 75.	
10.........	80. 60.		27.........	79. 70.	
11.........	80. 60.		28.........	79. 50.	
12.........	80. 60.		29.........	79. 55.	
13.........	80. 75.		30.........	79. 50.	
14.........	//		1.er décemb.	79. 45.	
15.........	80. 70.		2.........	//	
16.........	80. 65.		3.........	79. 50.	
17.........	80. 65.		4.........	79. 45.	
18.........	80. 60.		5.........	79. 60.	
19.........	80. 50.		6.........	79. 75.	
20.........	80. 50.		7.........	79. 75.	
21.........	//		8.........	79. 65.	
22.........	80. 45.		9.........	//	
23.........	80. 45.		10.........	79. 35.	
24.........	80. 45.		11.........	79. 40.	
25.........	80. 55.		12.........	79. 30.	
26.........	80. 70.		13.........	79. 35.	
27.........	80. 70.		14.........	79. 20.	
28.........	//		15.........	79. 00.	
29.........	80. 55.		16.........	//	
30.........	80. 55.		17.........	79. 10.	
31.........	80. 55.		18.........	79. 25.	
1.er novemb.	//		19.........	79. 20.	
2.........	80. 50.		20.........	79. 00.	
3.........	80. 30.		21.........	79. 05.	
4.........	//		22.........	79. 10.	
5.........	80. 40.		23.........	//	
6.........	80. 35.		24.........	79. 40.	
7.........	80. 25.		25.........	//	
8.........	80. 20.		26.........	79. 65.	

DATE DU COURS.	CINQ p.r o/o.	OBSERVATIONS.	DATE DU COURS.	CINQ p.r o/o.	OBSERVATIONS.
AN 1810.			**AN 1811.**		
27 décembre.	79f 80c		11 février...	81f 30c	
28	79. 70.		12	81. 25.	
29	79. 90.		13	81. 30.	
30	"		14	81. 60.	
31	79. 85.		15	81. 70.	
AN 1811.			16	81. 70.	
1.er janvier..	"		17	"	
2	80. 10.		18	81. 60.	
3	80. 50.		19	81. 65.	
4	80. 50.		20	81. 65.	
5	80. 50.		21	81. 60.	
6	"		22	81. 50.	
7	81. 10.		23	8.. 50.	
8	81. 10.		24	"	
9	80. 90.		25	81. 40.	
10	81. 10.		26	81. 40.	
11	81. 25.		27	81. 35.	
12	81. 20.		28	81. 30.	
13	"		1.er mars...	81. 35.	
14	81. 00.		2	81. 40.	
15	"		3	"	
16	80. 95.		4	81. 50.	
17	81. 10.		5	81. 50.	
18	80. 95.		6	79. 30.	
19	80. 90.		7	79. 50.	
20	"		8	79. 35.	
21	80. 75.		9	79. 35.	
22	80. 85.		10	"	
23	81. 10.		11	79. 40.	
24	81. 20.		12	79. 50.	
25	81. 25.		13	79. 40.	
26	81. 20.		14	79. 30.	
27	"		15	79. 30.	
28	81. 90.		16	29. 45.	
29	81. 05.		17	"	
30	81. 10.		18	79. 40.	
31	81. 20.		19	79. 30.	
1.er février..	81. 55.		20	79. 45.	
2	81. 75.		21	79. 30.	
3	"		22	79. 05.	
4	81. 80.		23	78. 90.	
5	81. 75.		24	"	
6	81. 50.		25	78. 90.	
7	81. 25.		26	78. 80.	
8	81. 15.		27	78. 60.	
9	81. 15.		28	78. 45.	
10	"		29	78. 50.	
			30	78. 45.	

DATE DU COURS.	CINQ p.r o/o.	OBSERVATIONS.	DATE DU COURS.	CINQ pour o/o.	OBSERVATIONS.
AN 1811.			AN 1811.		
31 mars.....	"		18 mai.....	78f 30c	
1.er avril...	78f 50c		19.........	"	
2.........	78. 50.		20.........	78. 20.	
3.........	78. 40.		21.........	78. 35.	
4.........	78. 30.		22.........	78. 20.	
5.........	78. 30.		23.........	"	
6.........	78. 45.		24.........	78. 20.	
7.........	"		25.........	78. 40.	
8.........	78. 45.		26.........	"	
9.........	78. 65.		27.........	78. 75.	
10.........	78. 70.		28.........	78. 90.	
11.........	78. 75.		29.........	79. 00.	
12.........	78. 80.		30.........	78. 85.	
13.........	78. 75.		31.........	78. 80.	
14.........	"		1.er juin...	79. 35.	
15.........	78. 70.		2.........	"	
16.........	78. 60.		3.........	79. 45.	
17.........	78. 50.		4.........	79. 40.	
18.........	78. 60.		5.........	79. 40.	
19.........	78. 50.		6.........	79. 50.	
20.........	78. 50.		7.........	79. 85.	
21.........	"		8.........	79. 95.	
22.........	78. 65.		9.........	"	
23.........	78. 60.		10.........	79. 60.	
24.........	78. 65.		11.........	79. 60.	
25.........	78. 65.		12.........	79. 60.	
26.........	78. 60.		13.........	79. 65.	
27.........	78. 60.		14.........	79. 70.	
28.........	"		15.........	79. 65.	
29.........	78. 50.		16.........	"	
30.........	78. 50.		17.........	79. 65.	
1.er mai...	78. 40.		18.........	79. 60.	
2.........	78. 40.		19.........	79. 60.	
3.........	78. 35.		20.........	79. 75.	
4.........	78. 15.		21.........	79. 60.	
5.........	"		22.........	79. 70.	
6.........	78. 20.		23.........	"	
7.........	78. 05.		24.........	79. 80.	
8.........	78. 10.		25.........	79. 95.	
9.........	78. 95.		26.........	80. 20.	
10.........	78. 25.		27.........	80. 25.	
11.........	78. 15.		28.........	80. 30.	
12.........	"		29.........	80. 05.	
13.........	78. 15.		30.........	"	
14.........	78. 20.		1.er juillet..	80. 35.	
15.........	78. 30.		2.........	80. 20.	
16.........	78. 20.		3.........	80. 35.	
17.........	78. 30.		4.........	80. 50.	

DATE DU COURS.	CINQ pour o/o.	OBSERVATIONS.	DATE DU COURS.	CINQ pour o/o.	OBSERVATIONS.
An 1811.			**An 1811.**		
5 juillet....	80f 50c		22 août.....	82f 85c	
6.........	80. 40.		23.........	81. 85.	
7.........	u		24.........	83. 00.	
8.........	80. 35.		25.........	B	
9.........	80. 20.		26......	83. 00.	
10.......	80. 50.		27.........	82. 95.	
11.......	80. 70.		28.........	82. 95.	
12.......	80. 75.		29.........	82. 95.	
13.......	80. 70.		30.........	83. 00.	
14.......	u		31.........	83. 20.	
15.......	80. 90.		1.er septemb.	u	
16.......	81. 20.		2.........	83. 05.	
17.......	81. 45.		3.........	82. 95.	
18.......	81. 50.		4.........	83 00.	
19.......	81. 30.		5.........	80. 60.	
20.......	81. 40.		6.........	80. 90.	
21.......	u		7.........	81. 20.	
22.......	81. 90.		8.........	u	
23.......	82. 05.		9.........	81. 20.	
24.......	81. 95.		10.......	81. 15.	
25.......	82. 25.		11.......	81. 00.	
26.......	82. 40.		12.......	80. 90.	
27.......	82. 35.		13.......	80. 75.	
28.......	u		14.......	80. 80.	
29.......	82. 35.		15.......	u	
30.......	82. 15.		16.......	80. 75.	
31.......	82. 05.		17.......	80. 55.	
1.er août...	82. 40.		18.......	80. 50.	
2.........	82. 40.		19.......	80. 70.	
3.........	82. 85.		20.......	80. 55.	
4.........	u		21.......	80. 70.	
5.........	83. 00.		22.......	u	
6.........	83. 25.		23.........	80. 70.	
7.........	83. 00.		24.........	80. 60.	
8.........	83. 05.		25.........	80. 65.	
9.........	82. 80.		26.........	80. 80.	
10.......	82. 75.		27.........	81. 10.	
11.......	u		28.........	81. 00.	
12.......	82. 75.		29,........	u	
13.......	82. 55.		30.........	81. 00.	
14.......	82. 55.		1.er octobre.	81. 00.	
15.......	u		2.........	81. 00.	
16.......	82. 40.		3.........	81. 10.	
17.......	82. 60.		4.........	81. 20.	
18.......	u		5.........	81. 30.	
19.......	83. 00.		6.........	u	
20.......	82. 90.		7.........	81. 40.	
21.......	83. 00.		8.........	81. 25.	

DATE DU COURS.	CINQ pour o/o.	OBSERVATIONS.	DATE DU COURS.	CINQ p.r o/o.	OBSERVATIONS.
AN 1811.			**AN 1811.**		
9 octobre...	81f 20c		26 novembre.	83f 00c	
10.........	81. 20.		27.........	83. 00.	
11.........	81. 25.		28.........	83. 10.	
12.........	81. 35.		29.2......	83. 10.	
13.........	"		30.........	82. 95.	
14.........	81. 35.		1.er décemb.	"	
15.........	81. 35.		2.........	83. 00.	
16.........	81. 45.		3.........	82. 95.	
17.........	81. 45.		4.........	82. 95.	
18.........	81. 65		5.........	82. 65.	
19.........	81. 75.		6.........	82. 70.	
20.........	"		7.........	82. 60.	
21.........	81. 7?.		8.........	"	
22.........	82. 00.		9.........	81. 70.	
23.........	82. 10.		10.........	82. 65.	
24.........	82. 10.		11.........	82. 55.	
25.........	82. 50.		12.........	82. 60.	
26.........	82. 35.		13.........	82. 70.	
27.........	"		14.........	82. 60.	
28.........	82. 15.		15.........	"	
29.........	82. 15.		16.........	82. 55.	
30.........	82. 4?.		17.........	82. 65.	
31.........	82. 60.		18.........	82. 75.	
1.er novemb	"		19.........	82. 70.	
2.........	82. 50.		20.........	"	
3.........	"		21.........	82. 95.	
4.........	82. 50.		22.........	"	
5.........	82. 45		23.........	82. 85.	
6.........	83. 75.		24.........	82. 75.	
7.........	82. 90.		25.........	"	
8.........	83. 15.		26.........	82. 60.	
9.........	83. 40.		27.........	82. 65.	
10.........	"		28.........	82. 35.	
11.........	83. 35.		29.........	"	
12.........	83. 25.		30.........	82. 25.	
13.........	83. 05.		31.........	82. 20.	
14.........	83. 00.		**AN 1812.**		
15.........	83. 00.		1.er janvier..	"	
16.........	83. 20.		2.........	81. 90.	
17.........	"		3.........	82. 20.	
18.........	83. 30.		4.........	82. 30.	
19.........	83. 10.		5.........	"	
20.........	82. 90.		6.........	82. 15.	
21.........	82. 90.		7.........	82. 05.	
22.........	83. 00.		8.........	82. 10.	
23.........	83. 05.		9.........	82. 30.	
24.........	"		10.........	82. 45.	
25.........	83. 05.				

14

DATE DU COURS.	CINQ p.r o/o.	OBSERVATIONS.	DATES DU COURS.	CINQ p.r o/o.	OBSERVATIONS.
AN 1812.			**AN 1812.**		
11 janvier...	82f 45c		28 février...	83f 25c	
12.........	"		29.........	83. 25.	
13.........	82. 30.		1.er mars...	"	
14.........	82. 15.		2.........	83. 10.	
15.........	82. 10.		3.........	83. 20.	
16.........	81. 95.		4.........	83. 30.	
17.........	81. 75.		5.........	81. 15.	
18.........	81. 75.		6.........	81. 25.	
19.........	"		7.........	81. 20.	
20.........	82. 00.		8.........	"	
21.........	82. 25.		9.........	81. 00.	
22.........	82. 10.		10.........	80. 75.	
23.........	82. 25.		11.........	80. 80.	
24.........	82. 50.		12.........	80. 50.	
25.........	82. 70.		13.........	80. 30.	
26.........	"		14.........	80. 40.	
27.........	82. 60.		15.........	"	
28.........	82. 70.		16.........	80. 20.	
29.........	83. 00.		17.........	80. 15.	
30.........	83. 00.		18.........	80. 10.	
31.........	83. 00.		19.........	79. 50.	
1.er février..	83. 25.		20.........	79. 50.	
2.........	"		21.........	79. 80.	
3.........	83. 45.		22.........	"	
4.........	83. 25.		23.........	79. 60.	
5.........	83. 30.		24.........	79. 50.	
6.........	83. 45.		25.........	79. 60.	
7.........	83. 35.		29.........	79. 60.	
8.........	83. 50.		27.........	79. 80.	
9.........	"		28.........	79. 75.	
10.........	83. 60.		29.........	"	
11.........	83. 60.		30.........	79. 75.	
12.........	83. 55.		31.........	79. 65.	
13.........	83. 35.		1.er avril...	79. 55.	
14.........	83. 25.		2.........	79. 60.	
15.........	83. 10.		3.........	79. 85.	
16.........	"		4.........	79. 85.	
17.........	83. 05.		5.........	"	
18.........	83. 25.		6.........	79. 85.	
19.........	83. 25.		7.........	80. 10.	
20.........	83. 35.		8.........	80. 15.	
21.........	83. 50.		9.........	80. 10.	
22.........	83. 50.		10.........	80. 00.	
23.........	"		11.........	80. 10.	
24.........	83. 40.		12.........	"	
25.........	83. 30.		13.........	80. 15.	
26.........	83. 35.		14.........	80. 05.	
27.........	83. 25.		15.........	79. 90.	

DATES DU COURS.	CINQ p.r o/o.	OBSERVATIONS.	DATE DU COURS.	CINQ p.r o/o.	OBSERVATIONS.
AN 1812.			AN 1812.		
16 avril	79f 90c		4 juin.....	81f 85c	
17.........	79. 80.		5.........	81. 85.	
18.........	79. 95.		6.........	81. 95.	
19.........	"		7.........	"	
20.........	80. 00.		8.........	82. 20.	
21.........	79. 90.		9.........	82. 30.	
22.........	79. 95.		10.........	82. 20.	
23.........	80. 00.		11.........	82. 10.	
24.........	80. 20.		12.........	82. 10.	
25.........	80. 25.		13.........	81. 10.	
26.........	"		14.........	"	
27.........	80. 25.		15.........	82. 10.	
28.........	80. 10.		16.........	82. 20.	
29.........	80. 20.		17.........	82. 10.	
30.........	80. 30.		18.........	82. 10.	
1.er mai....	80. 45.		19.........	81. 15.	
2.........	80. 65.		20.........	82. 10.	
3.........	"		21.........	"	
4.........	80. 55.		22.........	82. 10.	
5.........	80. 50.		23.........	82. 2c.	
6.........	80. 70.		24.........	82. 25.	
7.........	"		25.........	82. 15.	
8.........	80. 75.		26.........	82. 05.	
9.........	80. 70.		27.........	81. 80.	
10.........	"		28.........	"	
11.........	80. 75.		29.........	81. 50.	
12.........	80. 85.		30.........	81. 60.	
13.........	81. 20.		1.er juillet..	82. 15.	
14.........	81. 25.		2.........	82. 10.	
15.........	81. 10.		3.........	82. 00.	
16.........	80. 85.		4.........	82. 00.	
17.........	"		5.........	"	
18.........	81. 05.		6.........	82. 25.	
19.........	81. 00.		7.........	82. 35.	
20.........	80. 90.		8.........	82. 45.	
21.........	81. 05.		9.........	81. 30.	
22.........	81. 10.		10.........	82. 25.	
23.........	81. 20.		11.........	82. 20.	
24.........	"		12.........	"	
25.........	81. 15.		13.........	81. 15.	
26.........	81. 40.		14.........	82. 10.	
27.........	81. 55.		15.........	82. 00.	
28.........	81. 40.		16.........	82. 10.	
29.........	81. 40.		17.........	82. 00.	
30.........	81. 40.		18.........	82. 10.	
1.er juin....	81. 65.		19.........	"	
2.........	81. 75.		20.........	81. 00	
3.........	81. 90.		21.........	82. 25.	

14..

DATE DU COURS.	CINQ p.r o/o.	OBSERVATIONS.	DATE DU COURS.	CINQ p.r o/o.	OBSERVATIONS.
AN 1812			AN 1812.		
22 juillet....	82f 30c		8 septembre	80f 25c	
23.........	81. 4.		9.........	80. 50.	
24.........	82. 55.		10.........	80. 50.	
25.........	81. 60.		11.........	80. 60.	
26.........	"		12.........	80. 50.	
27......	82. 70.		13.........	"	
28.........	82. 50.		14.........	80. 65.	
29.........	82. 65.		15.........	80. 75.	
30.........	82. 55.		16.........	80. 70.	
31.........	82. 70.		17.........	80. 70.	
1.er août...	81. 85		18.........	80. 90.	
2.........	"		19.........	80. 90.	
3.....	82. 85.		20.........	"	
4.........	82. 85.		21.........	80. 95.	
5.........	83. 00.		22.........	81. 00.	
6.........	83. 15.		23.........	81. 00.	
7.........	8. 00.		24.........	81. 00.	
8.........	83. 10.		25.........	81. 05.	
9.........	"		26.........	81. 10.	
10.........	83. 25.		27.........	"	
11.........	83. 10.		28.........	81 10.	
12.........	83. 10.		29.........	81. 00.	
13.........	8. 05.		30.........	81. 25.	
14.........	83. 00.		1.er octobre.	81. 25.	
15.........	"		2.........	81. 60.	
16.........	"		3.........	81. 50.	
17.........	82. 90.		4.........	"	
18.........	83. 00.		5.........	81. 40.	
19.........	82. 90.		6.........	81. 40.	
20.........	82. 95.		7.........	81. 30.	
21.........	83. 20.		8.........	81. 45.	
22.........	"		9.........	81. 50.	
23.........	"		10.........	81. 65.	
24.........	83. 25.		11.........	"	
25.........	83. 20.		12.........	81. 70.	
26.........	83. 20.		13.........	81. 75.	
27.........	83 05.		14.........	81. 85.	
28.........	83. 00.		15.........	81. 75.	
29.........	83. 00.		16.........	82. 00.	
30.........	"		17.........	82. 10.	
31.........	83. 15.		18.........	"	
1.er septemb.	83. 00.		19.........	81. 90.	
2.........	82. 90.		20.........	81. 75.	
3.........	82. 75.		21.........	81. 00.	
4.........	82. 80.		22.........	82. 00.	
5.........	80. 45.		23.........	81. 60.	
6.........	"		24.........	81. 75.	
7.........	80. 35.		25.........	"	

DATE DU COURS.	CINQ p.r o/o.	OBSERVATIONS.	DATE DU COURS	CINQ p.r o/o consolidés.	OBSERVATIONS.
AN 1812.			AN 1812		
26 octobre...	81 80c		13 décembre.	"	
27	81. 80.		14	78 30c	
28	8 75.		15	78. 10.	
29	81. 5.		16	78. 30.	
30	81. 60.		17	77. 60.	
31	"		18	77. 00.	
1.er novemb	"		19	77. 75.	
2	81 45.		20	"	
3	81. 35.		21	78. 20.	
4	81. 00.		22	78. 85.	
5	8. 50.		23	78. 80.	
6	80. 50.		24	78. 75.	
7	80. 85.		25	"	
8	"		26	78. 50.	
9	80. 40.		27	"	
10	79. 50.		28	78. 15.	
11	80 20.		29	78. 10.	
12	79. 90.		30	"	
13	79. 50.		31	78. 05.	
14	79. 30.				
15	"		AN 1813.		
16	80. 10.		1.er janvier.	"	
17	80. 20.		2	78. 50.	
18	79. 70.		3	"	
19	79. 95.		4	78. 35.	
20	80. 00.		5	78. 75.	
21	79. 95.		6	79. 00.	
22	"		7	79. 30.	
23	79. 85.		8	79. 70.	
24	79. 75.		9	80. 20.	
25	79. 50.		10	"	
26	79. 25.		11	79. 40.	
27	79. 20.		12	78. 75.	
28	79. 15.		13	"	
29	"		14	79. 00.	
30	78. 80.		15	79. 25.	
1.er décemb.	78. 80.		16	79. 00.	
2	79. 05.		17	"	
3	79. 00.		18	78. 75.	
4	78. 60.		19	78. 30.	
5	78. 50.		20	78. 40.	
6	"		21	78. 40.	
7	78. 10.		22	78. 00.	
8	77. 50.		23	77. 50.	
9	77. 60.		24	"	
10	77. 95.		25	77. 40.	
11	78. 10.		26	77. 80.	
12	78. 50.		27	78. 20.	

DATE DU COURS.	CINQ p.r o/o consolidés.	OBSERVATIONS.	DATE DU COURS	CINQ p.r o/o consolidés.	OBSERVATIONS.
An 1813.			**An 1813.**		
28 janvier...	78f 20c		17 mars....	74f 90c	
29........	78. 10.		18........	75. 10.	
30........	78. 40.		19........	74. 60.	
31........	"		20........	74. 35.	
1.er février..	78. 85.		21........	"	
2........	78. 80.		22........	74. 00.	
3........	78. 60.		23........	73. 60.	
4........	78. 20.		24........	72. 60.	
5........	78. 35.		25........	73. 30.	
6........	78. 60.		26........	74. 00.	
7........	"		27........	73. 90.	
8........	78. 80.		28........	"	
9........	79. 20.		29........	73. 80.	
10........	79. 10.		30........	72. 80.	
11........	79. 50.		31........	72. 85.	
12........	79. 55.		1.er avril...	72. 80.	
13........	79. 10.		2........	72. 25.	
14........	"		3........	71. 75.	
15........	78. 90.		4........	"	
16........	79. 15.		5........	71. 30.	
17........	78. 90.		6........	71. 80.	
18........	78. 70.		7........	71. 40.	
19........	78. 60.		8........	72. 20.	
20........	78. 45.		9........	72. 95.	
21........	"		10........	72. 70.	
22........	78. 30.		11........	"	
23........	78. 20.		12........	72. 20.	
24........	78. 60.		13........	72. 15.	
25........	78. 65.		14........	72. 00.	
26........	78. 45.		15........	72. 60.	
27........	78. 35.		16........	72. 00.	
28........	"		17........	72. 00.	
1.er mars...	78. 10.		18........	"	
2........	77. 85.		19........	71. 90.	
3........	77. 80.		20........	72. 00.	
4........	77. 80.		21........	72. 05.	
5........	75. 45.		22........	71. 90.	
6........	75. 40.		23........	72. 10.	
7........	"		24........	71. 90.	
8........	75. 50.		25........	"	
9........	75. 75.		26........	72. 40.	
10........	76. 00.		27........	73. 20.	
11........	76. 10.		28........	73. 80.	
12........	75. 75.		29........	74. 00.	
13........	75. 75.		30........	74. 75.	
14........	"		1.er mai...	74. 50.	
15........	75. 20.		2........	"	
16........	75. 00.		3........	73. 90.	

DATE DU COURS.	CINQ p.r o/o consolidés.	OBSERVATIONS.	DATE DU COURS.	CINQ p.r o/o.	OBSERVATIONS.
AN 1813.			AN 1813.		
4 mai....	73f 90c		21 juin.....	76f 65c	
5........	74. 00.		22........	76. 50.	
6........	74. 90.		23........	76. 45.	
7........	76. 80.		24........	75. 50.	
8........	76. 40.		25........	75. 70.	
9........	"		26........	75. 60.	
10........	76. 15.		27........	"	
11........	75. 50.		28........	75. 55.	
12........	75. 40.		29........	75. 50.	
13........	75. 20.		30........	75. 40.	
14........	76. 00.		1.er juillet..	75. 00.	
15........	75. 90.		2........	75. 00.	
16........	"		3........	75. 10.	
17........	75. 85.		4........	"	
18........	75. 25.		5........	75. 10.	
19........	73. 90.		6........	75. 10.	
20........	73. 50.		7........	75. 10.	
21........	73. 00.		8........	75. 50.	
22........	72. 85.		9........	75. 40.	
23........	"		10........	75. 45.	
24........	74. 50.		11........	"	
25........	74. 25.		12........	75. 30.	
26........	74. 75.		13........	74. 90.	
27........	"		14........	74. 75.	
28........	74. 50.		15........	74. 80.	
29........	74. 00.		16........	75. 10.	
30........	"		17........	75. 15.	
31........	73. 80.		18........	"	
1.er juin...	73. 50.		19........	75. 00.	
2........	74. 80.		20........	75. 10.	
3........	75. 00.		21........	75. 40.	
4........	75. 30.		22........	76. 10.	
5........	75. 75.		23........	76. 00.	
6........	"		24........	76. 10.	
7........	75. 90.		25........	"	
8........	76. 10.		26........	76. 30.	
9........	75. 90.		27........	76. 30.	
10........	76. 50.		28........	76. 65.	
11........	76. 65.		29........	77. 00.	
12........	76. 00.		30........	76. 80.	
13........	"		31........	76. 75.	
14........	76. 00.		1.er août...	"	
15........	76. 50.		2........	76. 10.	
16........	76. 50.		3........	76. 70.	
17........	76. 45.		4........	76. 35.	
18........	76. 60.		5........	76. 50.	
19........	77. 00.		6........	76. 45.	
20........	"		7........	76. 30.	

DATE DU COURS.	CINQ p.r o/o.	OBSERVATIONS.	DATE DU COURS.	CINQ p.r o/o.	OBSERVATIONS.
AN 1813.			**AN 1813.**		
8 août....	"		25 septembre.	67ᶠ 60ᶜ	
9	76ᶠ 10ᶜ		26	"	
10	75. 70.		27	67. 00.	
11	75. 70.		28	65. 10.	
12	75. 80.		29	65. 00.	
13	75. 10.		30	65. 00.	
14	74. 95.		1.er octobre.	64. 15.	
15	"		2	63. 25.	
16	74. 80.		3	"	
17	74. 50.		4	63. 00.	
18	74. 00.		5	60. 00.	
19	73. 80.		6	56. 80.	
20	74. 10.		7	56. 00.	
21	73. 90.		8	57. 00.	
22	"		9	60. 00.	
23	72. 75.		10	"	
24	73. 10.		11	63. 00.	
25	72. 50.		12	65. 00.	
26	73. 10.		13	60. 50.	
27	73. 10.		14	59. 50.	
28	73. 75.		15	60. 00.	
29	"		16	60. 00.	
30	75. 10.		17	"	
31	75. 10.		18	58. 00.	
1.er septemb.	75. 10.		19	56. 50.	
2	74. 20.		20	57. 00.	
3	74. 50.		21	58. 75.	
4	72. 50.		22	57. 50.	
5	"		23	57. 40.	
6	71. 60.		24	"	
7	71. 00.		25	56. 40.	
8	70. 15.		26	56. 30.	
9	70. 15.		27	56. 10.	
10	69. 90.		28	56. 75.	
11	70. 15.		29	55. 60.	
12	"		30	52. 75.	
13	70. 00.		31	"	
14	70. 25.		1.er novemb.	"	
15	70. 40.		2	51. 00.	
16	70. 10.		3	54. 00.	
17	70. 25.		4	54. 50.	
18	70. 10.		5	55. 75.	
19	"		6	58. 00.	
20	69. 00.		7	"	
21	68. 50.		8	56. 00.	
22	67. 75.		9	56. 25.	
23	67. 00.		10	56. 50.	
24	67. 20.		11	56. 25.	

DATE DU COURS.	CINQ p.r o/o.	OBSERVATIONS.	DATE DU COURS.	CINQ p.r o/o.	OBSERVATIONS.
An 1813.			An 1813.		
12 novembre.	54f 25e		30 décembre.	51f 50e	
13	54. 00.		31	52. 50.	
14	"		An 1814.		
15	55. 50.		1.er janvier..	"	
16	54. 50.		2	"	
17	54. 00.		3	51. 00.	
18	53. 90.		4	51. 00.	
19	55. 50.		5	53. 75.	
20	57. 00.		6	53. 25.	
21	"		7	51. 75.	
22	55. 75.		8	51. 00.	
23	57. 00.		9	"	
24	56. 75.		10	51. 00.	
25	56. 00.		11	51. 50.	
26	56. 00.		12	51. 25.	
27	56. 35.		13	51. 00.	
28	"		14	50. 50.	
29	56. 25.		15	51. 00.	
30	55. 30.		16	"	
1.er décemb.	56. 25.		17	50. 25.	
2	56. 70.		18	48. 00.	
3	56. 00.		19	46. 75.	
4	56. 00.		20	48. 75.	
5	"		21	49. 00.	
6	56. 25.		22	49. 25.	
7	55. 40.		23	"	
8	55. 00.		24	50. 25.	
9	54. 85.		25	49. 00.	
10	55. 15.		26	49. 25.	
11	55. 20.		27	50. 25.	
12	"		28	50. 00.	
13	55. 00.		29	50. 00.	
14	54. 50.		30	"	
15	53. 80.		31	50. 10.	
16	53. 90.		1.er février..	51. 75.	
17	54. 25.		2	52. 25.	
18	55. 30.		3	51. 00.	
19	"		4	48. 50.	
20	54. 50.		5	49. 25.	
21	54. 10.		6	"	
22	54. 90.		7	50. 25.	
23	54. 80.		8	50. 25.	
24	54. 70.		9	51. 50.	
25	"		10	53. 25.	
26	"		11	57. 50.	
27	51. 50.		12	57. 00.	
28	50. 00.		13	"	
29	49. 00.				

DATE DU COURS.	CINQ p.r o/o.	OBSERVATIONS.	DATE DU COURS.	CINQ p.r o/o.	OBSERVATIONS.
An 1814.			An 1814.		
14 février...	53.f 10.c		9.........	51.f 75.c	
15.........	53. 25.		10.........	49. 50.	
16.........	54. 00.		11.........	49. 75.	
17.........	54. 50.		12.........	50. 00.	
18.........	56. 25.		13.........	"	
19.........	56. 00.		14.........	49. 50.	
20.........	"		15.........	49. 00.	
21.........	57. 10.		16.........	49. 00.	
22.........	56. 00.		17.........	48. 75.	
23.........	56. 50.		18.........	48. 50.	
24.........	55. 25.		19.........	48. 25.	
25.........	55. 25.		20.........	"	
26.........	56. 50.		21.........	49. 00.	
27.........	"		22.........	49. 25.	
28.........	55. 00.		23.........	48. 75.	
1.er mars...	56. 00.		24.........	47. 50.	
2.........	55. 25.		25.........	47. 35.	
3.........	55. 00.		26.........	47. 25.	
4.........	53. 75.		27.........	"	
5.........	54. 25.		28.........	46. 00.	
6.........	"		29.........	45. 25.	
7.........	53. 75.		30.........	"	
8.........	52. 00.		31.........	"